최고의 프레젠터가 되는
프레젠테이션
성공의 비밀

PUREZEN SHINRIJYUTSU written by Yoshihito Naito.
Copyright ⓒ 2012 by Yoshihito Naito
All rights reserved.
Originally published in Japan by Nikkei Business Publications, Inc.

본 저작물의 한국어판 저작권은 B&B Agency를 통해
일경BP와의 독점계약으로 생각너머에 있습니다.
저작권법에 의해 한국 내에서 보호를 받는 저작물이므로 무단전재와 무단복제를 금합니다.

최고의 프레젠터가 되는
프레젠테이션 성공의 비밀

당신이 알고 있는 프레젠테이션 기술은 착각이다

나이토 요시히토 지음 | 이정은 옮김

생각너머

당신이 알고 있는 프레젠테이션 기술은 착각이다

　지금까지 나는 프레젠테이션 관련 서적을 수없이 읽었다. 하지만 시중에 나와 있는 수많은 책을 읽는 동안 절로 고개가 갸웃거려졌다. 유명 저자의 책, 심지어 서점에서 베스트셀러로 꼽힌 책까지 프레젠테이션에 관한 책들을 모두 섭렵했지만, 이건 좀 아닌 것 같다는 생각을 떨쳐낼 수 없었다. 이런 책을 읽고 정말로 성공적인 프레젠테이션을 할 수 있을까? 심히 의심스러웠다.

　2011년 4월부터 나는 대학교 1학년생을 대상으로 〈프레젠테이션 스킬 트레이닝〉이라는 강의를 맡고 있다. 좋은 교재를 찾아봤지만, 자신 있게 "이 책이 도움이 되니까 반드시 읽어보도록!" 하고 추천할 만한 책이 없었다. 그뿐인가! 내가 진정 가르치고 싶은 '프레젠테이션에 관한 기본적이면서도 최소한의 법칙'은 어느 책에도 소개되어 있지 않았다.

상세한 이야기는 Part. 1에 소개해뒀지만, 사람들이 대개 '프레젠테이션에 대해 알고 있는 굳은 믿음'은 모두 착각이다. 혹시 다음과 같은 생각이 큰 착각이라는 사실을 여러분은 알고 있는가?

× 상대가 그 제안을 채택할지를 결정하는 시점은 '당신이 프레젠테이션을 한 후'다.
○ 당신이 '프레젠테이션을 하기 전'에 상대는 이미 채택 여부를 결정한다.

× 프레젠테이션은 말만 잘하면 된다.
○ 말실수 좀 하면 어떠랴! 중요한 것은 말보다 열정이다.

× 전달 내용을 올바르게 논리적으로 전하는 것이 프레젠테이션이다.
○ 프레젠테이션에 논리 따위는 필요 없다. 어떤 방법이든 마지막에 사람의 마음을 움직일 수만 있다면 그 프레젠테이션은 성공이다.

× 많은 사람 앞에서 말을 잘할 수 있어야 한다.
○ 어지간히 큰 이벤트가 아니고서야 일반인이 진행하는 프레젠테이션의 참석자는

고작 두세 명이다. 많은 사람 앞에서 발표할 일도 없을뿐더러, 이런 상황을 대비한 훈련도 필요 없다.

× 파워포인트나 태블릿PC를 구사해야 프레젠테이션이다.
○ 둘 다 필요 없다. 중요한 도구임에는 틀림없지만, 가장 큰 무기는 '자기 자신'이다.

예를 들기 시작하면 끝이 없어서 이쯤에서 마무리하지만, 프레젠테이션에 관한 착각은 이 외에도 수없이 많다. 지금까지의 프레젠테이션 관련 책에는 위와 같은 기본적인 내용이 제대로 정리되어 있지 않다.

내가 이 책을 쓰게 된 것은 독자 여러분에게 '프레젠테이션에 관한 기본 중의 기본'을 알려주고 싶었기 때문이다. 기본적인 내용만 잘 익혀두면, 누구나 프레젠테이션 스킬을 향상시킬 수 있다. 허풍도 과장도 아니다. 진짜로 눈에 보일 만큼 프레젠테이션 기술이 향상돼 있을 것이다.

프레젠테이션은 결코 어렵지 않다. 너무 거창하게 생각하기 때문에 어렵다고 믿고 있을 뿐이다. 스티브 잡스나 손정의^{孫正義} 같은 프레젠테이션의 고수가 되고 싶은가? 그런 과도한 포부가 있든 없든, 기본 중의 기본만 확실히 익힌다면 독자 여러분도 프레젠테이션의 고수가 될 수 있다.

  이 책을 한 번 읽으면, 더 이상 다른 책을 읽을 필요는 없다. 이 책에는 필요한 만큼 충분한 내용이 실려 있기 때문이다. 닥치는 대로 프레젠테이션 관련 책을 읽기는 했지만 아직도 잘 모르겠다면, 이 책을 꼭 읽어보길 바란다. 여러분이 정말 알고 싶었던 것을 이 책에서 반드시 발견하게 될 것이다.

프롤로그   당신이 알고 있는 프레젠테이션 기술은 착각이다 • 5

PART. 1 프레젠테이션에 대한 '착각'을 버려라

'훌륭한 프레젠테이션'도 실패할 수 있다? • 16
실패하는 발표자는 내용에만 매달린다 • 19
'더 이상 됐다'는 말쯤은 들어야 백점짜리 • 22
열정만 충분하다면 말은 못해도 된다 • 25
샘플이나 제품이 있다면 프레젠테이션이 필요 없다 • 28
프레젠테이션의 성패는 사전조율에 달려 있다 • 31
상대가 두각을 나타내지 않을 때부터 인맥을 만들어라 • 34
자기소개에서 '호기심'을 불러일으켰는가? • 37
자신의 출신지를 알리는 것도 훌륭한 전략 • 40
다수 프레젠테이션 vs 소수 프레젠테이션 • 43
프레젠테이션 전부터 끝날 때까지 긴장을 늦추지 마라 • 46
한순간의 작은 행동이 모든 일을 망친다 • 49
One Point Tip ① 프레젠테이션 열등 의식은 어디에서 태어났는가? • 52

PART. 2 프레젠테이션 기본 중의 기본을 익혀라

'불가능한 제안'은 헛수고! 억지 주장을 하지 마라 • 56

완벽보다는 '최선을 다하자'가 정답 • 59

제일 처음 할 일은 '마음의 벽'을 허무는 것 • 62

파워포인트도 태블릿PC도 필요 없다 • 65

자료에 집착하지 마라! 설명과 발표에 매달려라 • 68

발표할 때는 반드시 '덤'을 얹어줘라 • 71

질문을 받으면 '복창하는 습관'을 들여라 • 74

지식도 없이 뛰어난 프레젠테이션은 불가능 • 77

어려운 내용은 '상대가 아는 말'로 쉽게! • 80

아마추어적 발상을 잊어버리지 마라 • 83

눈빛이 강한 사람의 말에는 힘이 있다 • 86

One Point Tip ② 가벼운 태닝으로 '빈티 나는 이미지'에서 벗어나라 • 88

PART. 3 승리를 부르는 프레젠테이션 심리테크닉

물리적 거리는 심리적 거리와 비례한다 • 92

상대를 즐겁게 할 만한 '소도구'를 마련하라 • 95

상황에 따라 과감하게 화제를 전환하라 • 98

적재적소에 '손'을 사용하면 발표에 날개가 달린다 • 101

등을 곧게 펴면 목소리에도 힘이 실린다 • 104

절도 있는 행동으로 상대를 매료시켜라 • 107

깊은 인상을 남기려면 '반전'을 연출하라 • 110

마음을 움직이려면 '긴장감 있게' 이야기하라 • 113

프레젠테이션 전에 '친분'을 나눠라 • 116

많은 '질문'을 던지는 것도 말하기의 요령 • 119

One Point Tip ③ 짧은 문장으로 이야기하는 습관을 들여라 • 122

PART. 4 프레젠테이션 고수가 되기 위한 필수지식

옷차림이 단정해야 '능력' 있어 보인다 • 126

'미소천사'가 주는 프레젠테이션 효과 • 129

무게중심을 가운데 두고 똑바로 서라 • 132

접대가 필요할 땐 선물 작전을 펼쳐라 • 135

뷰티 프리미엄! 외모도 경쟁력이다 • 138

작은 목소리는 마음을 움직이지 못한다 • 141

한여름에도 뜨거운 커피를 주문하라 • 144

잠깐이라도 절대 시계를 보지 마라 • 147

점성술사의 프레젠테이션은 어째서 성공적일까? • 150

'서투른 프레젠테이션'도 성공할 수 있다 • 153

상대가 입을 삐죽거리면 일단 멈춰라 • 156

One Point Tip ④ 능력자가 되고 싶다면 운동 습관을 들여라 • 158

PART. 5 성공한 프레젠테이션에는 그만한 이유가 있다

가장 '큰 주제'는 시작과 동시에 던져라 • 162
프레젠테이션 원고는 들고 들어가지 마라 • 165
마음이 안정될 때까지 '특정 인물'을 보며 이야기하라 • 168
'긴장하지 않는' 프레젠테이션은 없다 • 171
일부러 웃기려다 낭패 보기 쉽다 • 174
실제 상황과 비슷한 환경에서 연습하라 • 177
마음속으로 '나는 최고의 발표자'라고 외쳐라 • 180
상대와의 '연관성'을 찾아 호기심을 자극하라 • 183
전달할 주제는 적을수록, 이야기는 반복할수록 좋다 • 186
제목은 누가 봐도 알기 쉬운 '문장형'으로 지어라 • 189
끝까지 집중할 수 있도록 속도감 있게 전개하라 • 192
프레젠테이션 전에 화이트보드를 반짝반짝 닦아놓는다 • 195
One Point Tip ⑤ '체형'이 주는 이미지에 맞게 프레젠테이션 하라 • 198

에필로그 프레젠테이션의 성패는 '인간적 매력'이 좌우한다 • 200
참고문헌

PART. 1

프레젠테이션에 대한 '착각'을 버려라

TATION

PRESENTATION 01

'훌륭한 프레젠테이션'도 실패할 수 있다?

프레젠테이션 내용이 아무리 뛰어나도 즉석에서 거절당할 수 있다. 이것은 매우 중요한 사실인데도 프레젠테이션 관련 책에서는 이 부분을 거의 다루고 있지 않다.

'내용만 충실하다면 상대는 내 이야기를 들어줄 것이다.'

대부분의 사람들은 프레젠테이션 책에 나와 있는 이런 막연한 내용만 굳게 믿고 프레젠테이션에 임한다. 그러나 이때 중요한 사실을 간과한다면 실효성 없는 주장이 되고 만다.

프레젠테이션 내용이 어떠한가를 따지기 전에, 발표를 하는 사람이 '인간적으로 어떠한가?'라는 문제가 훨씬 중요하다. 프레젠테이션 내용보다 발표자의 인간력, 그것이 프레젠테이션의 성패를 결정한다.

인간적으로 갖춰지지 않았다면 제아무리 프레젠테이션이 뛰어나더라도 상대가 제안과 기획을 받아들여줄 리 없다. 말해 무엇하겠는가? 애초에 싫어하는 사람이 하는 말 따위는 제대로 들어볼 생각조차 하지 않는 게 인간이다.

이런 일화가 있다. 한 컨설팅회사 직원이 멀리서 방문한 고객 앞에서 멋지게 프레젠테이션을 해냈다. 그가 한 제안은 고객에게도 큰 이익을 가져다줄 수 있는 훌륭한 내용이었다. 그러나 고객의 대답은 정반대였다.

어째서 그 고객은 구미가 당기는 제안을 차버렸을까? 이유는 간단했다. 역에 도착했을 때, 짐 운반을 도와주지 않은 직원에게 불만을 품었기 때문이다.

이는 린다 카플란 탈러와 로빈 코발Linda Kaplan Thaler and Robin Koval의《나이스The power of nice》(추수밭, 2006)라는 책에 소개된 일화로 의미심장한 내용을 시사하고 있다.

프레젠테이션 내용을 운운하기 전에, 우선 인간적인 매력을 갈고닦아야 한다는 점이다. 언제나 친절하고 배려하는 습관이 있는 사람이라면, 무거워 보이는 짐을 들고 있는 고객에게 "제가 들어드리겠습니다."라는 말이 자연스럽게 나왔을 것이다. 그러면 상대에 대한 인간적인 호감이 생기게 마련이고, 고객은 "프레젠테이션은 들을 필요도 없겠군요. 귀하의 제안을 받아들이겠습니다."라는 말이 절로 나올지도 모른다.

고객은 '프레젠테이션에 참석하기 전'부터 상대의 제안을 채택할지 여부를 결정한다. 그러므로 프레젠테이션 이전에 상대에게 결례를 범하지는 않았는지 늘 행동에 신경 써야 한다.

한겨울에 일부러 찾아와준 사람에게 춥지 않았느냐, 먼 곳에서 오시느라 고생했다며 감사의 말을 전하고 손난로를 건넨다면 어떨까? 아마도 향후 이뤄질 상담이나 프레젠테이션은 훨씬 원활하게 진행될 것이다.

사람은 프레젠테이션 내용보다 발표자의 인격과 친절한 배려에 마음이 움직인다. 프레젠테이션 내용도 물론 중요하다. 그러나 그 이상으로 발표자의 자질이 좌우하는 부분이 많다는 점은 아무리 강조해도 지나치지 않을 정도다.

PRESENTATION 02

실패하는 발표자는 내용에만 매달린다

"프레젠테이션 내용은 솔직히 아무래도 좋습니다."라고 이야기하면 다들 말이 지나치다고 생각한다. 프레젠테이션 관련 책 중에 내용은 별로 중요하지 않다고 지적하는 책이 한 권도 없기 때문이다.

그러나 이 표현은 과하지도 부족하지도 않다. 말 그대로 프레젠테이션의 성공은 내용과는 관계가 없다. 내용이 수미일관되고 명확한 근거가 제시되었는가 여부보다 발표자의 발표 방법, 행동거지, 표정이 훨씬 중요하다.

아직 반신반의하는 독자 여러분께 한 가지 재밌는 실험을 소개하고자 한다.

사우스캘리포니아South California 대학의 도날드 나프툴린이라는 심리학자가 〈수학과 인간의 행동관계〉라는 강연 원고를 엉터리로 작성하여 교육학회에서 연기자에게 발표를 시켰다. 역할을 맡은 남자 연기자는 '마이론 L. 폭스 박사'라는 가짜 이름으로 소개되었고, 대충 꾸며낸 화려한 이력까지 덧붙여졌다. 그리고 1시간 반짜리 발표가 시작되었다.

연기자는 원고 읽는 법까지 철저하게 훈련받았지만, 사실 그 내용은 정말 지리멸렬하여 의미를 찾아볼 수 없을 정도였다.

결과는 어땠을까? 발표가 끝나고 정신과의, 심리학자, 사회복지사 등에게 소감을 물으니, 발표자인 폭스 박사는 '최고로 훌륭한 강연자'이며 '너무나 명쾌한 발표자'라는 평가를 받았다.

강연 내용에 대해서도 '박사는 내용을 잘 정리하여 이야기해주었다'는 평가가 85%, '사례가 적절히 이용되었다'는 평가가 70%, '자극적인 내용이었다'라는 평가가 놀랍게도 95%나 되었다.

정말 말도 안 되는 내용이어도 자신 있게, 당당하게 발표하면 이처럼 높은 평가를 받을 수 있다. 발표 방법이 중요하지, 내용은 그 다음 문제인 것이다.

라쿠고가(落語家)야말로 안성맞춤인 사례다. 고전 라쿠고(落語, 골계스런 내용을 재미있게 이야기하여 청중을 즐겁게 하는 일본 특유의 예능의 하나)는 대개 줄거리가 정해져 있지만, 라쿠고가의 말재간에 따라 재밌어지기도 하고 분위기가 썰렁해지기도 한다. 같은 말이라도 아 다르고 어 다른 법이다. 내용보다는 매력이 느껴지게 이야기할 줄 알아야 한다.

영업도 마찬가지다. 똑같은 상품과 서비스임에도 판매실적에 차이가 생기는 이유는 개개인의 말솜씨가 다르기 때문이다.

늘 실패하는 발표자는 내용에만 매달린다. 발표를 대비한 훈련도 하지 않고 자료 작성에만 열을 올린다. 내용만 좋으면 발표가 어설퍼도 가려진다고 생각하기 때문일까? 그렇지 않다. 내용은 아무래도 좋으니 상대를 매료시킬 만한 미소와 발표 방법부터 훈련해야 한다.

PRESENTATION 03

'더 이상 됐다'는 말쯤은 들어야 백점짜리

일본의 한 광고회사가 외국제 맥주 관련 프레젠테이션을 진행했을 때의 일이다. 해당 맥주회사의 대표가 일본을 방문하여 프레젠테이션 회장으로 발걸음을 옮겼다. 회장에 들어서자마자 크게 감명받은 대표는 자사의 맥주 광고를 그 회사에 모두 맡기기로 결정했다.

어째서 대표는 프레젠테이션을 들어보지도 않고 결정을 내린 걸까?

그 이유는 회장의 벽이라는 벽에는 자사 맥주의 광고포스터가 빼곡히 붙어 있었기 때문이다.

프레젠테이션에서 중요한 것은 '사전준비'다. 이는 많은 책에서 지적한 대로다. 그러나 내가 말하는 사전준비는 자료를 만들고 원고를 작성한 다음 리허설을 실시하고 암기하라는 뜻이 아니다. 더 이상 프레젠테이션을 할 필요가 없을 정도로 상대를 만족시키고 감동을 불러일으킬 수 있도록 철저히 준비하자는 것이다. 사전준비만 제대로 해놓으면 프레젠테이션은 사실상 필요 없어진다. 이것이 진짜 '사전준비'다.

고객은 '우선 이야기부터 들어보고 나서······'라고 운을 떼놓지만, 이미 마음속으로는 상대의 제안을 수락할지, 거절할지를 정해놓는 경우가 많다.

'프레젠테이션을 하지 않으면 상대가 수긍할 리 없다'는 생각은 걸음마 단계의 초짜 발표자. 우수한 발표자는 안정된 행동과 환한 미소로 사람들을 매료시켜서 프레젠테이션을 듣기도 전에 제안을 받아들일 마음이 들게 한다.

프레젠테이션을 잘하는 사람은 상대가 흡족해할 방법을 고민한다. 그리고 상대가 만족할 만한 일을 미리 포착해서 착착 해준다. 프레젠테이션 내용과 관계가 있든 말든 그건 나중 문제다.

'프레젠테이션은 인간력이 좌우한다'고 생각하는 이유는 프레젠테이션 내용보다도 발표자의 매력이 더욱 중요하다고 여기기 때문이다. 발표자에게 매력이 없다면 아무리 내용이 진국이라도 프레젠테이션은 실패할 것이고, 인간적 매력이 넘쳐난다면 내용은 덮어두고 그가 하는 말을 들어줄 터이다.

학교 선생님도 마찬가지다. 대학에는 비슷한 과목을 강의하는 교수가 여러 명 있다 보니 강의 내용도 거기서 거기다.

그러나 많은 학생이 진지하게 수업에 임하는 강의가 있는가 하면, 학생도 많지 않고 출석했더라도 수업에 귀를 기울이지 않는 강의도 있다. 이러한 차이는 역시 강의 내용보다는 강의하는 사람이 얼마나 매력적인가에 따라 결정되는 게 아닐까?

독자 여러분은 맨 먼저 '인간적 매력'을 높이도록 노력해야 한다. 평소에 누구에게나 상냥하고 온화한 표정으로 대할 수 있도록 대인관계에 신경 쓰다 보면, 프레젠테이션 현장에서도 결코 당황하지 않고 성공적인 프레젠테이션을 해낼 수 있을 것이다.

PRESENTATION 04

열정만 충분하다면 말은 못해도 된다

산모토야마サンモトヤマ 회장인 모토야마 초이치로茂登山長市郎 씨는 일본에 구찌Gucci를 처음 소개했으며 일본에서의 판매권까지 독점한 일로 유명하다.

모토야마 씨는 유럽 여행 중에 구찌의 가죽 제품에 마음을 빼앗긴 후 일본에서의 판매권을 따내기 위해 교섭에 나섰다. 당시 구찌는 이탈리아 피렌체Firenze에 위치한 매장에 가지 않으면 살 수 없는 유명 브랜드였다. 그런 구찌가 일본에서의 판매권을 인정해줄 리 없었다.

게다가 모토야마 씨는 이탈리아어를 유창하게 하는 사람도 아니었고, 수준급 영어 실력을 갖고 있지도 않았다. 더듬대는 영어로 교섭에 나섰으니 애당초 그른 일이었다. 몇 번이나 찾아갔지만 문전박대 당하기 일쑤였다.

그런데도 포기하지 않고 방문하기를 수차례. 우연히 사장인 바스코 구찌 씨가 매장에 들렀고 이야기를 나눌 기회가 생겼다. '이상한 일본사람이 몇 번이나 찾아오고 있다'며 사내에서도 화제였기 때문에 바스코 씨는 거절할 작정이었다.

그런데 예의상 은제 시가 케이스를 꺼내서 모토야마 씨에게 보였을 때였다. 모토야마 씨는 주머니에서 손수건을 꺼내 공손하게 받아들더니 잠시 바라보다가 지문을 깨끗이 닦아서 바스코 씨에게 돌려주었다.

그 모습을 본 바스코 씨는 시가 케이스 같은 별것 아닌 물건도 정중히 다루는 사람이라면, 우리 회사 제품도 정성스레 판매할 것이라며 감격했고 그 자리에서 일본에서의 판매권을 인정해주었다.

흔히들 '프레젠테이션에서는 말이 중요하다'고 여긴다. 그러나 모토야마 씨의 일화는 열정만 있으면 말은 두 번째, 세 번째 문제밖에 되지 않는다는 것을 여실히 보여준다.

만일 모토야마 씨에게 '나는 구찌 핸드백이 정말 좋다. 이렇게 멋들어진 가방이 또 있을까! 일본 여성들이 들고 다니게 하고 싶다'는 열정이 없었다면 아마도 협상은 실패했을 것이다. 설령 모토야마 씨가 유창하게 이탈리아어를 구사했어도 말이다.

커뮤니케이션 이론의 일인자였던 사이토 미쓰코^{斎藤美津子} 씨는 《설명과 설득을 위한 프레젠테이션》(가이호 히로유키 편집, 제2장, 교리쓰 출판)에서 프레젠테이션을 효과적으로 마치려면 영업사원과 같은 말재주는 필요 없다고 지적한다. 주절주절 떠드는 모습이 곧 성실함으로 비쳐지진 않으며, 자칫 표면적이라는 인상을 주어 상대의 마음을 움직이지 못한다는 것이 그 이유다.

나 역시 프레젠테이션을 할 때 청산유수처럼 말이 술술 나오지 않아도 성공할 수 있다고 믿기 때문에 학생들에게도 그렇게 가르치고 있다.

방송국의 아나운서나 사회자 같은 말솜씨까지는 아니어도 좋다. 오히려 철저히 계산하고 훈련한 것 같아서 진심이 없어 보이고 마음을 울리지 못할 수도 있다. 이마에 땀을 흘려가며 진심 어린 마음을 필사적으로 전하려는 모습이 상대의 마음에 훨씬 깊이 파고든다.

아마 독자 여러분은 말을 조금만 더 잘하면 좋겠다고 바랄지도 모른다. 그러나 말을 너무 잘하면 죽기 살기로 덤비는 마음, 열정이 전해지지 않는다는 또 다른 문제도 생긴다는 점을 기억하자.

PRESENTATION 05

샘플이나 제품이 있다면 프레젠테이션이 필요 없다

이 경우도 프레젠테이션에 말은 필요 없다. 만약 실제 상품이 있다든가 샘플이 준비되어 있다면, 상대에게 쥐어주고 만져보고 살펴보게 하면 된다. 구구절절 설명하지 않아도 된다.

샘플이나 제품이 없다면 기획서로 프레젠테이션을 할 수밖에 없다. 그러나 제품이 있다면 이야기는 달라진다. 제품을 보이면 그만이기 때문이다. 이렇게 쉬운 방법이 또 있을까?

"저희 화장품은 피부에 좋은 유효 성분이 가득 들어 있어서, 안티에이징 효과가 뛰어나며……." 이렇듯 장황하게 설명하지 않아도 "우선 샘플부터 써보십시오. 이쪽에서 먼저 판매에 나서지 않겠습니다. 마음에 드시면 그때 전화주시면 됩니다." 하는 몇 마디로 끝난다. 이렇게 간단하고 효과적인 프레젠테이션 방법은 없다.

사람은 제품을 직접 손에 쥐고 만져보고 입어보고 마셔보면, '갖고 싶다'는 심리가 생긴다. 얼마나 다행인가!

프린스턴Princeton 대학에서 이런 실험이 진행된 적이 있다. 머그컵을 손에 쥐고 만지면서 평가했을 때가 거리를 두고 그저 바라만 보게 했을 때보다 해당 머그컵에 높은 점수를 주었다. 게다가 머그컵을 직접 만져본 그룹에서는 실험에 참가한 답례로 현금보다 머그컵을 선택하는 비율이 높았다. 샘플을 마음껏 만지게 하면 그만큼 상품에 대한 호감이 생긴다.

기획 단계에서 치러지는 프레젠테이션에서는 '샘플이나 견본품을 완성시켰다'는 노력 자체가 사람의 마음을 움직이기도 한다.

한 편집자로부터 들은 이야기다. 출판사라는 곳에는 각양각색의 사람들이 책을 쓰고 싶다며 문을 두드린다. 대개는 완성된 원고보다 기획서만 달랑 들고 오는 사람이 적지 않단다.

기획서만 내보인다는 것은 채택해주면 그때부터 책을 쓰겠다는 뜻일까? 그 편집자는 기획서만 봐서는 도무지 감이 잡히지 않아서 단칼에 거절하고 있다고 한다. 이미 완성된 실제 원고를 들고 와서 '한번 읽어봐주시라. 마음에 드신다면 이곳에서 책을 내고 싶다'는 사람에게는 달랑 기획서만 들고 온 사람보다 최소한의 열의가 느껴진다.

　기획서만으로 사람의 마음을 움직이기란 쉽지 않다. 완성된 원고가 있다면 그것이 자신을 대신하여 의욕을 전달해주는 매개체가 되기 때문에 편집자의 마음을 움직일 수 있다.

　프레젠테이션에 자신이 없다면 프레젠테이션을 하지 않아도 되는 방법을 궁리하자. 아예 샘플이나 제품을 만들어버리는 것도 하나의 방법이다.

프레젠테이션의 성패는 사전조율에 달려 있다

프레젠테이션의 목적은 이쪽의 요구와 제안을 상대가 받아들이게 하는 데 있다. 이것이 프레젠테이션 최대의 목표일 것이다. 어떤 방법이든 결과적으로 상대가 제안을 받아들인다면 프레젠테이션은 성공이고, 받아들이지 않는다면 실패다.

만약 여러분이 회의에서 새로운 안을 제시했다고 가정해보자. 본래대로라면 회의장에서 자신의 제안을 발표하고 참석자들을 납득시켜야 한다. 그러나 이런 방법은 십중팔구 기각된다. 느닷없이 회의에서 새로운 제안을 내놓은들 일단 반대하고 보는 경우가 많기 때문이다. 제안이 채택되지 않은 프레젠테이션은 당연히 실패다.

그런데 회의에서 안을 내놓기 전에, 미리 참석자에게 언질을 주어서

동의를 구해두었다면 어떨까? 아마도 특별한 이견 없이 수락할 가능성이 높다.

비록 프레젠테이션은 서툴더라도 참석자에게 미리 자신이 할 제안에 대해 설명하고 그들에게 생각할 시간을 주었다면 회의도 원만하게 진행될 것이다. 어떤 형태든 제안만 받아들여진다면 프레젠테이션은 대성공이다.

회사와 조직이라는 곳은 실제 회의가 형식일 뿐인 경우가 많아서 대부분 사전에 논의를 마친다. 어쩌면 프레젠테이션은 단순히 '형식'인 경우가 꽤 많다.

다시 말해서, 프레젠테이션 능력을 갈고닦는 것도 중요하지만, 그 이상으로 사전조율 능력도 익혀두라는 뜻이다.

상사와 선배에게 미리 조언을 구하고 의견을 들어두면, 막상 회의가 열렸을 때 난처한 질문에도 당황하지 않고 대처할 수 있다.

이러한 사전조율 과정 없이 프레젠테이션을 진행하면, 관계자 중에는 한마디 언질도 없이 멋대로 발표한다며 붉으락푸르락하는 사람도 있게 마련이다. 이런 사람은 감정을 주체하지 못하고 무조건적으로 반발하므로, 아무리 논리정연하고 이치에 맞는 안을 제시해도 절대 받아들이지 않는다.

사외 프레젠테이션에서도 마찬가지다. 미리 "이러이러한 안을 제시할 생각인데 어떠십니까?" 하며 상담을 청하는 형태로 꼼꼼히 조율에 나선다면, 실제 프레젠테이션은 형식에 그치는 일도 많다.

'나는 이러이러한 제안을 하고 싶다'고 미리 공지해두면 상대도 받아들일 마음의 준비를 한다. 이것을 '예고화법'이라고 한다.

뉴욕New York 시립대학의 글랜 하스는 실험을 통해, 예고를 해두면 실제로 설명을 듣지 않더라도 설득할 수 있다는 놀랄 만한 결과를 입증해냈다. 그만큼 예고는 매우 효과적인 테크닉이다.

프레젠테이션에 성실하게 임하는 것도 좋지만, 진짜 프레젠테이션의 고수는 면밀한 사전조율을 거쳐 프레젠테이션을 하지 않아도 될 만큼 준비에 만전을 기한다.

손자孫子도 말씀하셨다. '불전이굴인지병(不戰而屈人之兵,《손자병법》'모공 제3편'에 나오는 말로 '是故百戰百勝, 非善之善者也, 不戰而屈人之兵, 善之善者也', 즉 백 번 싸워 백 번 이기는 것이 능사가 아니고, 싸우지 않고 적을 굴복시키는 것이 최선이라는 뜻 - 옮긴이)'이 최선책이다.

PRESENTATION 07

상대가 두각을 나타내지 않을 때부터 인맥을 만들어라

유명인이나 지위가 높은 사람에게 승낙을 얻어내기란 결코 만만치 않다. 어지간히 프레젠테이션을 잘하지 않고서는 그네들의 고개가 끄덕이는 일은 없다.

그런데 제아무리 유명하고 지위가 높다 한들, 어느 날 갑자기 얻어진 자리는 아닐 것이다. 그들에게도 '무명 시절', '신인 시절', '싹도 트지 않던 불우한 시절'이 있었을 터, 그때부터 인맥을 만들어두었다면 프레젠테이션을 하기도 전에 "부탁할게." "그래, 맡겨둬."라는 몇 마디 대화로 마무리될지도 모른다. 상대의 지위가 낮을 때부터 등한시하지 않고 인맥을 쌓아두는 일도 중요하다.

기시타 레이코木下玲子 씨는 힐러리 클린턴이 가장 신뢰하는 저널리스트로 업계에서도 인정받는 존재다. 대형신문사나 방송국에 소속된 사람도 아니고 한낱 프리랜서로 활동해온 사람이었다. 그런데 힐러리 클린턴과 같은 저명한 정치가가 기꺼이 인터뷰 요청을 수락한 것이다. 혹시 엄청난 배경이 있었나? 선물 공세로 미리 손이라도 쓴 걸까?

실은 딱히 손쓴 것도 없다. 기시타 씨는 다른 저널리스트들이 힐러리에게 눈길 한번 주지 않을 때부터 그녀를 주목하여 꾸준히 취재했다. 힐러리 입장에서는 대통령 후보로 부상하고 나서야 서둘러 몰려든 대형언론사보다는, 무명 시절부터 자신의 가치를 인정해준 기시타 씨가 훨씬 믿음직했을 것이다.

상대가 유명해지기 전에는 대개 반가운 마음으로 만나준다. 유명해진 다음에는 만나기도 힘들지만 그 전이라면 그럴 일은 없다.

앞으로 커갈 사람을 눈여겨보고 그와의 인맥을 돈독하게 쌓아두자. '지금은 그저 평사원이지만, 머잖아 과장, 부장으로 출세할 만한 사람'이라는 판단이 섰다면 친절로 무장하거나 자주 개인적인 자리를 갖도록 한다. 이렇게 쌓아둔 인맥은 나중에 반드시 도움이 된다.

나 역시 지금이야 출판 업계에 인맥이 넓어서 "책 좀 쓰게 해주시죠?" "그럼요, 쓰셔야지요."라며 일이 진행되므로 프레젠테이션에 나설 필요가 없어졌다. 예전부터 가깝게 지내온 담당자가 편집 책임자로 승진한

덕에 쓰고 싶은 주제로 마음껏 책을 쓴 적도 있다.

  무턱대고 거물급 인사와 약속을 잡으려 한다든가 뜬금없이 회사대표를 찾아가 프레젠테이션을 하겠다는 건 무모하기 짝이 없다.

  지위가 높은 사람에게 결정권이 있으므로 직접 만나서 프레젠테이션을 하겠다는 마음은 충분히 이해한다. 하지만 직급이 낮을수록 오히려 진지하게 의견을 주고받게 되기도 하고 장래에 덕을 보는 일도 생긴다는 점을 기억하라.

PRESENTATION 08

자기소개에서 '호기심'을 불러일으켰는가?

프레젠테이션의 성패는 내용이 좌지우지하지 않는다고 언급했다. 프레젠테이션을 시작하기에 앞서 발표자의 인간적 매력을 얼마나 잘 전달했느냐에 따라 향후 프레젠테이션의 성패가 결정된다. 즉, 자기소개가 프레젠테이션 내용보다 중요하다는 뜻이다.

우선 자기자신을 제대로 어필하지 못하면 상품이든 제안이든 기획이든 받아들여질 리가 없다. 그런데도 자기소개를 간단하게 대충 끝내는 비즈니스맨이 꽤 많다. 그래서는 프레젠테이션이 원만하게 진행될 수 없다.

독자 여러분은 자기소개를 할 때 무언가 '특별한 장치'를 해두는가? 만약 '글쎄, 딱히……'라는 대답이라면 곤란하다.

미네소타Minnesota 대학 마이클 선나프랑크는 처음부터 '재미있는 사람'이라는 인상을 주면 그 후로도 계속 재미있는 사람이 된다며 첫인상의 중요성을 강조했다. 반면 시작부터 '재미없는 사람'이라는 인상이 심어지면 그것을 나중에 바꾸기는 꽤나 어렵다. 처음부터 자신에게 관심을 유도하는 것이 제일 중요하다.

가장 쉬운 방법을 꼽자면, 명함에 '장치'를 만들어두는 것이다. 명함 뒷면에 자신의 고향과 고등학교부터 대학, 대학원까지 출신 학교를 기재해두는 사람도 있는데, 이런 장치는 '내가 누구인가?'를 상대에게 확실하게 알리는 데 도움이 된다.

실제로 이와 비슷한 명함을 사용 중인 사람에게 효과를 물어보니, '학교 선배나 동향 사람들에게 일을 많이 의뢰받았다'고 답변했다. 명함을 이용한 훌륭한 프레젠테이션인 것이다.

고객이나 클라이언트의 심리를 보면 출신지가 같은 사람에게는 쉽게 마음이 열린다. 어차피 일을 맡겨야 한다면 출신지가 같은 사람이 편하다는 사람도 적지 않다. 이것을 심리학적으로는 '내 집단 편견Linguistic Intergroup Bias'이라고 한다.

지인 중에 라이타 씨의 명함에는 '네 잎 클로버' 그림이 있다. '내 명함을 받아주신 당신께 행운이 가득하시길' 하는 뜻이란다. 명함이라고 하면 다들 받았다가 금방 버리게 마련이지만, 이런 명함을 받으면 사실 버리기 쉽지 않다. 한마디로 '그렇게 쉽게 버리게 할까보냐' 하는 장치를 마련해둔 것이다.

또 명함을 열 종류쯤 마련해두고 '오늘은 어떤 명함을 쓰는 게 좋을까?' 하며 고민하는 모습을 보이는 것도 때로는 효과적이다. 상대가 젊은 여성이라면 색채가 화려한 명함을 내밀고, 연배가 있는 남성이라면 격언 등을 실은 명함을 건네는 식으로 구분하여 사용하면 소통의 계기가 만들어지기도 한다.

명함 교환은 첫인상을 좌우하는 중요한 의식이다. 이때 조금이라도 상대의 마음을 열 수만 있다면, 향후 치러질 프레젠테이션이 성공할 가능성은 높아진다. 다소 실수가 있더라도 상대는 관대하게 봐줄 것이다.

PRESENTATION 09

자신의 출신지를 알리는 것도 훌륭한 전략

요미우리 신문사에서는 '다카오카高岡 출신자'가 엘리트의 조건이라던 시절이 있었다. '다이쇼大正의 실세'라고까지 불리던 요미우리 신문의 사장인 쇼리키 마쓰타로正力松太郎 씨가 후쿠야마福山 현 다카오카 출신이다 보니, 다카오카 출신이라는 이유만으로 사내에서 힘이 주어졌기 때문이다. 이런 경우는 어느 회사에도 있다.

'초록은 동색'이라는 말이 있듯이, 사람은 자신이 나서 자란 지역에 특별한 마음이 생기게 마련이다. 같은 지방 출신자에겐 자신도 모르게 마음이 가는 법이다.

펜실베이니아Pennsylvania 대학의 조너 버거는 자신과 같은 집단에 소속된 사람이 말하는 내용을 다른 집단의 사람이 이야기할 때보다 쉽게 받아들이는 경향이 있다고 설명한다. 이는 이성적인 판단을 떠나서 납득이 가는 이야기다.

도쿄나 오사카 같은 대도시에는 여러 지방에서 상경한 사람이 많은데, 때때로 자신과 같은 고향 사람을 만나면 금세 의기투합한다. 지역이 가까울수록 유대감은 더욱 끈끈해진다.

프레젠테이션 상대가 운 좋게도 자신과 고향이 같다면 이미 반은 성공한 것이나 다름없다. '같은 고향'이라는 이유만으로 상대는 가까운 친척에게 부탁을 들은 것 같은 기분이 들기 때문이다. 이것이 바로 '내 집단 편견'의 위력이다.

이렇게 말하는 나 역시 같은 지방 출신의 잡지 편집자로부터 일을 의뢰받았을 때 군소리 없이 수락한 적이 있다. 왠지 사촌여동생의 자식뻘 되는 사람이 부탁하는 느낌이 들어서 차마 거절하지 못했다.

'같은 지방 출신을 만나는 일이 그렇게 많을까?' 하며 의구심이 드는 사람도 있으리라. 물론 거의 없을지도 모른다. 생각해보라. 만약 상대에게 출신 지역을 물어보지도 않았고 자신의 출신 지역도 밝히지 않았다면, 같은 지방 출신인데도 모르고 지나치는 바람에 코앞까지 다가온 행운이 사라질 수도 있다.

그러나 우리나라는 미국이나 호주처럼 땅이 넓지도 않고 인구도 그다지 많은 편이 아니다. 로또에 당첨되는 것보다는 같은 고향 사람을 만날 확률이 훨씬 높기 때문에 그렇게 없는 일도 아니다.

  프레젠테이션에서 자기소개를 할 때에는 자신의 출신 지역을 밝혀두는 게 좋다. 만일 같은 지역까지는 아니더라도 이웃 지역만 되어도 얼마나 다행인가! 같은 지방 출신이라는 이유만으로 내 집단 편견의 혜택을 받을 수 있기 때문이다.

  이쯤 되면 프레젠테이션이라는 주제에서 벗어나 시시콜콜한 이야기를 한다고 여기는 독자도 있을 것이다. 그러나 진정으로 프레젠테이션을 성공시키려면 '사람과 사람의 인연'이 빠져서는 안 된다. 출신 지역을 밝히는 일은 사람과 사람의 인연을 조금이라도 굳건히 다져놓겠다는 훌륭한 작전 중 하나다. 티끌 모아 태산이 되듯이 작은 인연이 프레젠테이션을 성공으로 이끌어주는 법이다.

PRESENTATION 10

다수 프레젠테이션 vs 소수 프레젠테이션

대부분 '프레젠테이션'이라는 말을 들으면, 반사적으로 100명쯤 되는 사람들 앞에서 모두의 시선을 받으며 발표하는 장면을 떠올릴 것이다. 예를 들면 결혼식에서의 축하인사나 강연회 등을 연상한다.

물론 '대규모 프레젠테이션'도 있다. 그러나 일반적인 프레젠테이션은 고객이나 담당자 한 명 혹은 두서너 명 앞이 아닐까? 이런 소규모 프레젠테이션이 압도적으로 많을 것이다.

그렇다면 두서너 명을 대상으로 하는 발표 훈련이나 설득 기술을 갈고 닦는 편이 훨씬 효과적이다. 이런 기회가 한결 많을 테니까 말이다.

스포츠심리학에는 효과적인 훈련을 위한 원칙 몇 가지가 있는데, 그

중에 '특이성의 원칙'이 있다. 스포츠에는 고도한 특이성이 있어서 달리는 훈련을 했다고 하여 수영 기록이 향상되지는 않는다. 마라톤에 필요한 지구력과 수영에 필요한 지구력이 다르기 때문이다. 수영에 필요한 힘을 기르고 싶다면 역시 수영을 해야지, 덤벨로 완력을 키우거나 달리기로 다리 근육을 만든들 눈에 띄는 효과는 기대할 수 없다. 반면 테니스와 배드민턴처럼 비슷한 종목도 있다. 그래도 두 종목은 다른 스포츠이므로 테니스 훈련을 했다고 배드민턴 실력까지 생기지는 않는다. 이것이 '특이성의 원칙'이다.

프레젠테이션도 마찬가지다. 100명을 상대로 하는 발표와 1명을 상대로 하는 발표는 목소리 내는 법에서 시선 맞추는 법까지, 하나에서 열까지 다르다. 공통점은 '발표한다'는 형식뿐 완전히 별개의 것이다.

100명 앞에서 발표하는 능력을 갈고닦은들, 일대일 상황에서는 도움이 되지 않는다. 어떤 능력을 키우고 싶은가를 결정해야 효과적인 훈련 방법을 찾을 수 있다.

나는 일대일 프레젠테이션에 가장 자신이 있다. 벌써 몇백 번, 몇천 번이나 해왔기 때문이다. 100명 정도까지는 꽤 경험이 많아서 할 만하다. 그런데 100명을 넘어서면 그 순간 자신감이 사라진다. 그럴 기회도 적어서 기껏해야 1년에 서너 번이나 해봤을까? 그만큼 훈련 횟수가 부족하다.

한번은 소수 인원을 상대로 프레젠테이션을 진행했다. 한 참가자가 '나이토 선생님은 상대가 어떤 사람이든 프레젠테이션을 잘하시겠다'며 부러워했지만, 사실 그렇지 않다. 어디까지나 인원수가 적었기에 가능했을 뿐, 규모가 커지면 나 역시 당황하며 허둥대는 모습을 보인다. 상황이 조금만 바뀌어도 사정이 완전히 달라지기 때문에 마음먹은 대로 진행이 되지 않는다.

프레젠테이션도 스포츠와 마찬가지로 훈련할수록 실력이 향상된다. 그러나 스포츠 종목에 따라 특이성의 원칙이 있듯이 훈련한 것과 같은 상황일 때 가능한 이야기다. 주부를 상대로 한 프레젠테이션을 잘하는 사람이 있는가 하면, 아이들을 상대로 하는 프레젠테이션에 제 실력을 발휘하는 사람도 있다. 회사의 아침조례 때 10명 정도 앞에서는 술술 이야기하던 사람이 50명 앞에 서면 더듬대기도 한다.

자신이 어떤 훈련을 했는가에 따라 프레젠테이션 향상도도 달라지므로 전혀 도움이 되지 않는 훈련은 해봐야 소용이 없다. 훈련을 할 생각이라면 실제와 가장 비슷한 상황을 대비해 훈련하는 게 좋다.

PRESENTATION 11

프레젠테이션 전부터 끝날 때까지 긴장을 늦추지 마라

사람은 명함을 교환하기 '전', 인사하기 '전', 말을 걸기 '전'에 이미 직감적으로 상대의 제안을 수락할지 여부를 결정한다. 인간의 판단이란 참 놀라울 정도로 빠르다.

프린스턴 대학의 자니 윌리스는 대학생 117명에게 70명의 얼굴 사진을 100밀리세컨드 동안만 보여줬다. 100밀리세컨드Millisecond, 즉 10분의 1초라 하면 정말 찰나다.

그런데 그 잠깐 동안 사진을 본 학생들이 사진 속 인물의 매력과 적극성, 신뢰도 여부를 판단했다고 한다. 인상이라는 것은 찰나의 순간에도 만들어지나 보다.

일단 프레젠테이션 장소에 들어서면 언제 어디서 상대가 나를 보고 있을지 모르므로 늘 미소를 띠고 있어야 한다.

'아직 프레젠테이션 전이니까……' 하며 피곤에 지친 무뚝뚝한 표정을 청중에게 들킨다면 시작하기도 전에 부정적인 이미지가 생겨버린다. 흘끔 보기만 해도 발표자에 대한 인상이 결정되기 때문이다.

나는 강연 요청이 오면, 강연장에 들어가기도 전에 차에서 내린 순간부터 등을 곧게 펴고 발걸음을 가볍게 걷는다. 의식적으로 입꼬리를 살짝 올려서 미소를 지으려고 애쓴다. 강연장으로 향하는 도중에 청중이나 주최 측 스태프들이 내 모습을 볼지 모르기 때문이다. 만일 내가 거북이처럼 목을 쭉 빼고 땅바닥을 쳐다보며 터덜터덜 걷는 모습을 누군가 본다면, '저런 사람이 하는 이야기를 들어야 하나?' 하며 오던 길을 되돌아갈지 모른다. 괜한 착각 아니냐는 사람도 있을지 모르지만, 그 정도로 진중한 자세는 필요하다고 본다.

어떤 회사에서 프레젠테이션을 하게 되었다고 가정해보자. 일찍 도착하는 바람에 간이 대기실에 잠시 있게 되었다. 다리를 쩍 벌리거나 다리를 꼬고 지나치게 편안한 자세로 앉아 있는데, 누군가 불쑥 방문을 열고 들어왔다고 생각해보자.

당신의 해이해진 모습을 본 그 사람은 과연 프레젠테이션을 듣고 싶어 할까? 나라면 안 들었을 것이다. 한번은 만나기로 약속한 사람을 멀리서 봤는데, 입을 떠억 벌리고 하품을 하더니 콧구멍을 만지작대고 있었다. 결국 '이런 사람과는 함께 일하고 싶지 않다'는 생각이 들어 일을 거절했다.

대부분의 사람들은 프레젠테이션 중에는 정신을 바싹 차리는 데 반해 프레젠테이션 전과 후에는 긴장을 늦추곤 한다. 프레젠테이션을 마치고 한숨 돌리고 싶은 마음은 이해한다. 그러나 회장을 나서자마자 담배를 입에 문다거나 넥타이를 푸는 모습을 보여서는 안 된다. 그러면 애써 준비한 프레젠테이션에 오점을 남기게 될 것이다.

PRESENTATION 12

한순간의 작은 행동이 모든 일을 망친다

한 영업사원의 이야기다. 어느 유복해 보이는 집을 방문했을 때였다. 초인종을 누르고 나서 사람이 나올 때까지 잠시 시간이 걸렸다.

현관문을 열어줄 때까지 그는 마침 곁에 있던 도자기제 너구리를 발끝으로 살짝 찼다. 본인이야 별 생각 없이 한 행동이었지만, 하필 정원에서 잡초를 뽑던 할머님이 그 모습을 본 것이다. 그 집 부부는 영업사원의 제안을 받아들이기 직전이었지만, 할머님이 완강하게 반대하는 바람에 계약은 실패로 돌아갔다.

별 뜻 없이 한 행동이 일을 망쳐버리는 경우는 많다. '벽에 귀가 있고, 문에 눈이 있다'는 말처럼 인간관계에 있어서는 '작은 일'에도 신경을 써야 한다. 언제 어디서 누가 자기를 보고 있어도 부끄럽지 않을 정도로 세심한 주의가 필요하다.

우리는 긍정적인 것보다 왠지 부정적인 것에 시선을 빼앗기고 만다. 이런 인간의 심리를 '부정적 편향Negativity Bias'이라고 한다. 깔끔한 꽃밭 사진보다 죽은 고양이나 해부된 소의 사진을 더 주시한다는 것이 실험을 통해 밝혀진 바 있다.

어째서 인간은 긍정적인 것보다 부정적인 것에 주목하는 걸까? 이러한 심리가 현실 속에서 영향을 발휘한다는 점을 꼭 알고 있어야 한다.

사람들은 상대의 장점을 어지간해서는 인정해주지 않는다. 그런데 단점은 금세 눈에 띄는 법이라서 한순간에 기피하게 되는 원인이 된다. 이것도 부정적 편향의 소행이다.

나는 프레젠테이션이 진행되는 동안뿐 아니라 프레젠테이션 전이든 후든 절대로 긴장을 늦춰서는 안 된다고 생각한다. 그 정도로 진중하게 임하지 않으면 언제 어디서 나쁜 평가를 받게 될지 모른다. 돌다리도 두드리고, 또 두드리며 천천히 느긋하게 건널 정도는 되어야 한다.

얼마 전 텔레비전에서 이런 뉴스를 본 적이 있다. 유권자 앞에서 다정하게 행동하던 영국의 한 의원이 차에 올라타자마자 갑자기 태도가 돌변하면서 "뭐야! 이 아줌마는!" 하며 버럭 소리를 지른 것이다. 그날따라 재수가 없었는지 의원의 목소리는 마이크를 통해 매스컴에 흘러들어 갔다. 당연히 유권자들은 그에게 등을 돌렸다. 만일 그 의원이 차에 탄 후에도 얼마간 긴장을 유지했다면 이런 불상사는 일어나지 않았을 것이다.

프레젠테이션 중에는 정신을 바싹 차리면서 그 전과 후에는 긴장을 늦추는 사람이 적지 않은데, 반드시 염두에 두자.

ONE POINT TIP ①

프레젠테이션 열등 의식은 어디에서 태어났는가?

우리는 끊임없이 주변 사람들로부터 영향을 받는다. '프레젠테이션 하기 싫다' '사람들 앞에 서면 입이 떨어지지 않는다'며 하소연하는 사람이 가까이 있으면, 자신도 어느새 프레젠테이션에 거부감을 갖거나 불안을 느끼게 된다. 따라서 프레젠테이션에 자신 없어 하는 사람과는 거리를 두는 게 좋다. 그래야 악영향에 흔들리지 않는다.

세상은 참 희한하다. 한 번도 프레젠테이션 자리에 선 적이 없는데도 '프레젠테이션에 자신이 없다'거나 '내게는 프레젠테이션 능력이 없다'고 착각하는 사람이 많다. 한 번도 해본 적이 없다면 자신에게 프레젠테이션 능력이 있는지 없는지는 알 길이 없다. 그런데도 겁을 내는 사람이 있는 것을 보면, 아마도 주변 사람들로부터 영향을 받았을 것으로 짐작된다.

원숭이를 이용한 고전적 실험 중에 '미네카 실험'이 있다. 위스콘신(Wisconsin) 대학에 재학 중이던 미네카라는 대학원생이 주도했다고 하여 이렇게 부른다. 실험실에서 태어나 한 번도 뱀을 본 적이 없는 원숭이는 뱀을 무서워하지 않는다. 그런데 야생에서 나고 자라서 뱀을 무서워하는 원숭이를 데리고 와서 뱀을 기피하는 장면을 멀리서 관찰시켰더니, 지금까지 뱀을 겁내지 않던 원숭이가 갑작스럽게 뱀 공포증에 걸려버렸다.

프레젠테이션에 대해 공포심을 품고 있는 사람도 미네카 실험의 원숭이와 같은 상황이 아닐까? 한 번도 프레젠테이션을 해본 적이 없으므로 겁낼 필요도 없다. 몇 번이나 실패를 경험한 결과, '프레젠테이션에 맞지 않는다고 생각하게 되었다'라고 하면 수긍이 간다. 그런데 자신이 경험해보지도 않은 일을 무조건 피하려고만 한다면 납득이 되지 않는 이야기다.

나는 주로 대학 1학년생을 대상으로 프레젠테이션을 가르치고 있는데, '프레젠테이션이 두렵다'며 기피하려는 마음을 없애는 데 심혈을 기울이고 있다. 매번 학생들에게 발표시킬 때마다 입이 마르고 닳도록 칭찬한다. '그 정도면 잘했다!' '오케이! 아주 잘했어!' 하는 말로 용기를 주려고 노력한다. 그렇게 여러 번 반복하다 보면 학생에게 있던 기피 의식도 점차 옅어진다. '발표가 즐겁다'거나 '마치 배우가 된 것 같다'는 짜릿함을 느끼도록 유도하는 것이 내 강의의 진짜 목적이다.

기피 의식이 있으면 충분히 즐길 수 있음에도 즐기지 못하게 된다. 사람 앞에 서서 주목을 받는 행위는 천성적으로 인간에게 있는 '자기과시욕'을 충족시킨다. 자신에게 스포트라이트가 쏟아지는데, 기분이 나쁠 리 없잖은가! 그렇지 않다면 프레젠테이션에 불필요한 기피 의식이 있어서일 뿐 다른 이유는 없다. 이렇듯 기피 의식에는 근거가 없음을 기억하라.

PART. 2

프레젠테이션
기본 중의 기본을 익혀라

PRESENTATION 13

'불가능한 제안'은 헛수고!
억지 주장을 하지 마라

하버드Harvard 비즈니스 스쿨에서 교수를 거쳐 컨설턴트로 저명한 데이비드 메이스타는 제아무리 훌륭한 프레젠테이션을 하더라도, 상대가 제안을 실행하지 못한다면 아무 소용이 없다고 지적한다.

가령 '이 방법을 실행하면 귀사의 매출은 반드시 올라간다'며 제안했다고 가정해보자. 상식적으로 생각해보면 당장이라도 채택해줄 것 같다. 그런데 메이스타는 혹여 그 제안이 경영간부의 희생을 강요하거나 조직체제에 위해를 가하는 내용이라면 프레젠테이션이 성공할 리가 없다고 덧붙였다.

'당신의 제안이 아무리 논리정연해도 우리 회사에서 그것을 실행할 가능성이 전혀 없다'며 정중히 거절할 것이다. 생각해보라. 이 역시 당연한

소리다. 사람은 자기가 싫다고 생각하는 제안은 암만 옳다고 해도 받아들이지 않는다. 이렇게 당연한 부분을 놓치고 있는 사람이 꽤 많다.

만일 내게 '담배가 얼마나 건강에 해를 끼치는지 아느냐, 금연하면 정말 인생이 즐거워진다'는 내용으로 프레젠테이션을 하는 사람이 있다고 치자.

그렇지만 나는 결코 금연하자는 제안을 받아들이지 않을 것이다. 발표자의 말 한 마디 한 마디가 주옥같아도 말이다. 왜냐하면 나는 한없이 담배를 즐기는 애연가라서 담배가 미치는 해에 대해서 귀를 기울일 마음이 아예 없기 때문이다.

또 내게 '단 음식을 먹으면 당뇨병과 고혈압에 걸리므로 가급적 피하는 게 좋다'고 충고해주는 사람이 있어도 역시 거절할 것이다. 왜냐하면 나는 단 음식을 세 끼 식사보다 반기기 때문이다.

프레젠테이션에 앞서 상대가 내 제안을 수락할 준비가 되었는지를 확인해야만 한다. 또 프레젠테이션 내용이 상대에게 큰 희생이나 위해를 가하는 것은 아닌지 살펴봐야 한다.

카운슬링도 마찬가지다. 상대가 미처 마음의 준비가 안 된 상태에서 '이거 이거는 실천하시라'고 억지로 강요한다면 다음 카운슬링에 상대가 나타나지 않을 것이다. 실행 불가능한 제안은 받아들여지지 않는 법이다.

　나는 '우유를 얻으려고 아무리 노력해도 수소에게서는 불가능하다'라는 글귀를 좋아한다. 프레젠테이션도 상대에 따라서는 어떤 방법을 써도 먹히지 않을 수 있다.

PRESENTATION 14

완벽보다는
'최선을 다하자'가 정답

　　프레젠테이션은 완벽하지 않아도 된다. 처음부터 끝까지 실수 없이 가려고 하다 보니 오히려 긴장해서 횡설수설하게 된다.

　　'신이 아닌 인간이 완벽할 수는 없다'고 편안하게 마음을 가다듬으면 한껏 움츠러든 어깨에 힘이 빠져서 자연스런 모습으로 프레젠테이션에 임할 수 있다.

　　말이 막힌다거나 더듬지 않겠다, 쭈뼛대지 않겠다, 존칭을 제대로 써야겠다며 지나치게 신경을 쓰면 프레젠테이션은 오히려 힘들어진다. '멋진 내 모습'을 연출하려고 애쓰다 보면 목소리도 안 나온다.

　　나는 '프레젠테이션은 불완전해도 좋다'고 생각한다. 목소리가 떨리거나 약간의 말실수 정도는 애교스럽지 않은가! 유창하게 설명하지 못하고 서투른 모습이 살짝 보인들 괜찮다. 나 역시 목소리가 요상하게 뒤집히기도 하지만, 그때마다 상대가 크게 웃어주는 바람에 '친근감'이 생긴 적도 여러 번이다.

질의응답 순서에 누군가 달갑지 않은 질문을 해올 때도 논리정연하게 반론하지 못한들 괜찮다. "이런, 큰일 났네요. 제가 그 질문만큼은 피하고 싶었습니다만, 물론 제 혼잣말입니다."라고 웃어 보이는 편이 오히려 좋은 인상을 줄 수도 있다.

희한하게도 프레젠테이션은 약간 불완전한 편이 반응이 좋을 때가 있다. 너무 완벽하면 인간미가 떨어져서 데면데면해지기도 한다.

영국 하트퍼드셔Hertfordshire 대학의 리처드 와이즈먼은 한 쇼핑센터에서 이런 실험을 실시한 적이 있다. 수습사원인 사라와 엠마 두 여성은 신형 믹서를 사용한 과일 드링크를 고객에게 소개했다. 사라는 '완벽주의자'로 처음부터 끝까지 일련의 실연 과정을 훌륭하게 마쳤다. 처음부터 서툴게 하라는 지시를 받은 엠마는 믹서를 돌릴 때 뚜껑이 날아가는 바람에 과일 드링크를 죄다 쏟는 모습을 보이고 말았다.

마침내 실연 과정이 다 끝나고 구경하던 고객들에게 두 사람의 인상이 어땠는지 물어보니, 실수가 많았던 엠마가 좋다고 대답했다. 이런 현상을 심리학에서는 '실수 효과Pratfall Effect'라 부른다.

프레젠테이션 단상에 올라가다가 계단에 걸려 넘어지는 모습이 오히려 보는 사람들을 안심시키는 효과가 있다. 책상에 다리를 부딪쳐 아파하는 모습이 타인의 경계심을 풀어서 좋은 인상을 주기도 한다.

프레젠테이션은 완벽하지 않아도 된다. 교과서에서는 절대로 이런 이야기를 하지 않겠지만, 조금의 실수가 있다거나 살짝 빈틈이 있어 보이는 발표자에게 훨씬 호감이 생기는 법이다.

PRESENTATION 15

제일 처음 할 일은
'마음의 벽'을 허무는 것

사람은 기본적으로 처음 보는 상대에게 경계심을 품는다. 일종의 조건반사이기도 하다. 고객이 영업사원에게 '필요 없다는데 자꾸 들이미는 거 아냐?' '속는 것 아닐까?' 하며 마음을 열어주지 않는 것도 당연하다. 마음을 굳게 닫고 있는 상대에게는 이쪽에서 무슨 소리를 해도 들리지 않는 법이다.

그렇다면 어떻게 해야 할까? 상대에게 켜켜이 쌓인 '마음의 벽'을 허물어야 한다. 마음의 벽을 무너뜨린 후에 비로소 영업을 시작해야 한다. 이 순서를 지키지 않는다면 무슨 이야기를 해도 마음의 벽을 뚫지 못하고 튕겨져 나온다.

과연 상대의 마음의 벽을 무너뜨릴 수 있을까? 사실 생각만큼 어려운 일은 아니다. 상대에게 '경계할 필요가 없습니다'라고 똑 부러지게 전하면 된다.

예를 들어, 거리에서 처음 본 여성에게 말을 걸면, 그 여성은 자기를 꾀거나 납치라도 할 것 같아서 심하게 경계한다. 이쪽 얼굴은 보지도 않고 총총걸음으로 빠져나가려고 한다.

그런데 말을 걸 때, "아, 죄송합니다. 꾀려는 건 아니고요……." 혹은 "물건 팔려는 게 아니라……." 하고 말을 건네보면 어떨까? 적어도 그 여성은 발걸음을 멈추고 이야기를 들어줄지도 모른다. 마음의 장벽이 허물어졌기 때문이다.

매장에서 상품을 손에 든 고객에게 다가갈 때도 마찬가지다. 점원들이 느닷없이 "마음에 드셨어요?" 하며 나타나기 때문에 고객은 "아니요, 그냥 구경하는 거예요." 하고 한마디 던지고는 잽싸게 매장에서 나가버린다.

말을 건넬 때에는 "구경하시는 데 방해가 될지 모르겠지만, 그 상품은 그다지 추천해드리고 싶지 않습니다."라고 하는 편이 낫다. 팔려는 게 아니니 경계하지 않아도 된다는 것이 말을 통해 똑똑히 전달되기 때문이다. 그러면 고객은 어떤 게 낫냐며 질문을 한다. 이때 고객은 마음의 장벽이 무너진 상태이므로 곧바로 상품 설명으로 넘어갈 수 있다.

받아들일 준비가 되지 않은 사람에게는 무슨 이야기를 해도 소용이 없다. 제일 처음 할 일은 마음의 장벽에 대한 공략이다. 거두절미하고 프레젠테이션을 진행할 일이 아니다. 상대가 경계하고 있으면 더더욱 그렇다.

PRESENTATION 16

파워포인트도 태블릿PC도 필요 없다

비즈니스 프레젠테이션이라고 하면 누구나 떠올리는 소프트웨어가 파워포인트다. 시각적 요소를 이용해 다채로운 프레젠테이션을 만들어주는 매우 편리한 소프트웨어임은 말할 필요도 없다. 나도 대학에서 프레젠테이션을 강의할 때 파워포인트로 수업을 진행한다.

그런데 파워포인트에만 의존하는 모습은 어떨까? 단언컨대, 결코 좋은 결과를 낳지 못한다.

파워포인트는 중요한 도구임에는 틀림없다. 그러나 가장 큰 무기는 자신의 '목소리'와 사람을 매료시키는 '표정', 그리고 신뢰가 생기는 '자세'다.

프레젠테이션의 요소를 중요도 순으로 보면, 슬라이드나 자료가 10%,

발표자의 요소가 90% 아닐까? 슬라이드가 없어도 프레젠테이션은 진행되지만, 발표자의 매력이 없어서는 절대로 프레젠테이션이 성공할 수 없기 때문이다.

파워포인트는 자신감이 없는 사람한테는 '지팡이'가 되어준다. 그러나 지팡이에만 지나치게 의존하다가는 자기 발로 일어서지 못하고 발걸음조차 떼지 못하게 된다. 지팡이만 계속 쓰면 지팡이 없이 걷지 못하는 것처럼, 파워포인트가 없으면 프레젠테이션을 못한대서야 이 얼마나 황당한 일인가!

나 역시 예전에는 강연이나 세미나에서 파워포인트를 많이 사용했지만, 지금은 거의 사용하지 않는다. '파워포인트에 기대다가는 프레젠테이션 실력이 떨어진다'는 위기감을 느꼈기 때문이다.

참고로 나는 기획회의에서도 자료를 만들지 않는다. 자료가 있으면 아무래도 자료만 내려다보게 되어 서로의 눈을 보며 대화를 나누지 못한다. 이래서는 내 충만한 의욕과 열정이 상대에게 전해지지 않는다.

'자료에서는 내 심정을 있는 그대로 표현하기에 부족하므로 구두로 설명하겠다'고 미리 의사를 밝혀두면 상대에게 실례가 되지 않는다. 만일 상대가 기획서를 꼭 보고 싶어 한다면 나중에 메일로 보내겠다고 약속하면 그만이다.

프레젠테이션에서 중요한 것은 내용이 아니라 발표자의 '인품'이다. 스탠퍼드Stanford 대학의 제인 알린의 실험에 따르면, 설득하려는 내용에 마음이 움직인 사람은 겨우 20%였지만, 설득에 나선 사람의 인품에 마음이 움직인 사람은 43%나 되었다.

물론 파워포인트는 편리한 도구이지만, 지나친 의존은 금물이다. '슬라이드나 자료 없이 나는 언제나 말만으로 설명할 수 있다!'는 정도의 기개도 없이 사람들 앞에 설 수 있을까?

자료가 있으면 저도 모르게 흘끔흘끔 보게 된다. 회의에서도 마찬가지로 발표자는 안중에도 없고 자료만 팔랑팔랑 넘기는 사람이 꼭 있다. 이를 방지하려면 자료를 준비하지 않으면 된다. 굳이 필요하다면 A4용지 한 장 정도로 요약해두면 자료에 실린 내용보다도 발표자의 말에 귀를 기울일 것이다.

프레젠테이션의 기본은 어디까지나 자기의 입으로 말을 하는 것이다. 이는 아무리 강조해도 부족하지 않다고 생각한다.

PRESENTATION 17

자료에 집착하지 마라!
설명과 발표에 매달려라

　자료를 작성할 때 '현상', '문제점', '해결법' 등 기본적인 사항만 잘 담겨 있다면 팸플릿처럼 시각적 요소까지 넣을 필요는 없다. 꼭 파워포인트로 자료를 만들어야 하는 것도 아니다. 사내용 프레젠테이션은 특히 그렇다. 워드프로그램을 사용하여 항목별로 정리한 자료만으로도 충분하다.

　공공기관에서는 자료를 만들 때 '두께'를 중시하기 때문에 자료량이 적으면 아무리 좋은 내용이라도 받아들여지지 않는다고들 한다. 하지만 일반 기업에서는 정반대다. 자료는 얇으면 얇을수록 바람직해서 A4용지 한두 장으로도 충분하다.

　나는 그래픽이 많은 자료를 받으면 왠지 여러 가지 장치로 부실한 내용을 포장하는 것 같아 믿음이 가지 않는다. 내용이 텅텅 비었으니 그래픽이나 시각적 요소로 감추려는 게 아닌가 하는 의심이 든다. 나만 매의 눈으로 바라보는 걸까? 고객도 크게 다르지 않을 것이다.

솔직히 시각적 요소로 꽉꽉 채운 자료는 읽기가 힘들다. 주목해야 하는 포인트가 흩어져 있는 느낌이랄까? 한 번만 봐서는 어디부터 봐야 할지 판단이 서지 않는다.

파워포인트를 사용하면 미리 준비한 디자인이나 배경, 일러스트나 사진 등을 사용할 수 있다. 하지만 내용과는 직접 관계가 없는 것들도 많다. 지구를 나타낸 일러스트, 벚꽃 배경 등은 내용보다 먼저 눈에 들어와 오히려 프레젠테이션에 방해가 될 뿐이다. 심리학에서도 주의를 확산시키면 설득 효과가 떨어진다고 한다. 그만큼 내용에 집중하지 못하기 때문이다.

내용과 관계없는 시각적 요소를 사용하는 것은 스스로 자신의 목을 죄는 것이나 다름없다. '다들 사용하니까……'라는 흔한 이유로 파워포인트를 사용하고 있다면 당장 그만두자. 애써 일목요연하게 정리한 자료에서 주시하길 바라는 대목이 아니라 배경이나 일러스트에 눈을 빼앗겨 버린대서야 주객이 전도된 것이 아닌가!

자료 작성보다도 더욱 주도면밀하게 준비해야 할 것이 있다. 바로 설명과 발표의 순서다. 자료를 읽지 않아도 처음부터 끝까지 어떻게 발표할 것인가를 머리에 새겨두는 일이 몇천 배, 몇만 배는 중요하다.

윈스턴 처칠 Winston Churchill 은 화술이 뛰어나기로 유명하여 그의 말이 인용되는 횟수만도 영어권에서는 손꼽히는 인물이다. 그는 강연 전에 몇 번이나 연습을 거듭했다고 전해진다. 적재적소에 필요한 표현과 설명 순서, 심지어 농담까지도 치밀한 계산하에 이루어진 것이었다. 45분짜리 강연을 준비하는 데 6~7시간을 투자했다고 한다.

보통 사람은 정반대로 행동한다. 파워포인트로 자료를 만드는 데 4시간이나 들이면서 발표연습 시간은 제로! 이래서야 제대로 발표가 될 리 없다. 자료를 만드는 시간은 30분이면 충분하다. 남은 3시간 반은 발표연습에 할당해야 프레젠테이션을 성공으로 이끌 수 있다.

PRESENTATION 18

발표할 때는 반드시 '덤'을 얹어줘라

분량이 조금 많다 싶을 때, 일반적으로 자료 첫 장에는 전체 목차와 구성을 싣는다. 파워포인트에서 슬라이드를 만들 때도 첫 장에는 대개 목차가 등장하면서 '오늘 이야기는 네 부분으로 나뉜다'는 점을 알게 해둔다.

지극히 일반적인 프레젠테이션 자료의 첫 장은 다음과 같은 형태다.

흑자 경영의 발본 개혁안에 대하여

하나. 매력 있는 상품 만들기
- 경쟁력 있는 상품
- 독자적인 상품
- 환경을 의식한 상품

둘. 판매 경로에 대하여

- 편의점 판매
- 백화점 판매

셋. 영업력 강화에 대하여

- 외부사원 영입
- 슈퍼마켓을 위한 영업사원 영입

넷. 결론

물론 이대로도 좋다. 그러나 내가 만일 똑같은 프레젠테이션을 한다면 마지막에 반드시 '덤'을 하나 붙였을 것이다. 바로 '목차에 없는 이야기'다.

예를 들면, "오늘은 발표가 예상보다 일찍 끝났기에 특별히 팁을 하나 전해드리겠습니다. 흑자 회사의 경영자들에게만 있는 재밌는 성격이 하나 있습니다. 여러분, 도대체 어떤 성격일지 궁금하시죠?"처럼 말문을 연다. 이러한 '덤'은 대개 반응이 좋다.

덤이 있으면 듣는 사람에게 '공짜선물'을 받은 느낌을 준다. 사람은 공짜로 무언가 받는 것을 좋아하므로 덤을 얹어준 발표자에게 호감이 생긴다. 또한 덤을 줄 때는 반드시 숨겨두어야 한다. 처음부터 덤이 알려지면 고마운 마음이 옅어진다.

레스토랑이 두 곳 있다고 가정해보자. A점에서는 런치메뉴에 처음부터 '디저트 포함'이라고 써두었다. 그러면 디저트는 당연히 나오는 순서가 되어 고객이 느끼는 감동은 줄어든다. 그런데 B점에서는 같은 런치메뉴라도 식사를 마친 뒤에 웨이터가 "오늘의 서비스입니다." 하면서 케이크를 가져다준다면 기분이 어떨까? 같은 비용을 치렀는데도 B점이 고객의 만족도가 훨씬 높다.

이와 똑같은 현상을 영국에 있는 몬스터Monsters 대학의 데이비드 스트로메츠가 실험했다. 한 레스토랑에서 여성 웨이트리스가 고객에게 공짜로 초콜릿 케이크를 제공했더니 계산 시 받는 팁이 늘었다고 한다.

프레젠테이션에서는 반드시 '덤'을 만들어두자. 배꼽이 빠질 만큼 재밌는 이야기는 '덤'으로 남겨두었다가 들려주면 청중은 공짜선물을 받은 기분일 것이다. 이것이 발표자가 실력을 발휘할 대목이다.

우수한 영업사원은 "여기니까 드리는 말씀이지만……" 혹은 "이런 이야기는 다른 고객님께서는 모르시는데요!"라며 비밀 이야기를 하듯 '덤'을 얹어주어 고객으로부터 신뢰를 얻어낸다.

PRESENTATION 19

질문을 받으면
'복창하는 습관'을 들여라

프레젠테이션은 한쪽이 일방적으로 무언가를 전달하는 게 아니라 상대로부터 질문이나 요구사항이 되돌아오는 쌍방향 커뮤니케이션이다. 간혹 상대에 따라서는 당혹스러운 질문이나 허무맹랑한 요구사항이 되돌아오기도 한다.

"가격을 내려줄 수 있습니까?"

"다른 옵션은 없습니까?"

"다른 회사는 어떤지 알고 싶습니다만?"

이와 같은 질문을 받았을 때, 신참 발표자라면 표정이 굳어지면서 본마음을 들키고 만다. 만일 원치 않는 질문을 받더라도 결코 당황해서는 안 된다. 초지일관 여유 있는 태도를 보여야 상대도 발표자의 이야기를 신용한다.

상대에게 질문을 받았을 때, 가장 좋은 방법은 반복하는 것이다. 일단 상대의 질문을 앵무새처럼 그대로 따라 한다.

"예, 가격 할인에 관한 질문이십니까?"

"예, 다른 옵션 말씀이십니까?"

"그러시군요. 다른 회사는 어떤지 궁금하다는 말씀이시죠?"

이처럼 반드시 복창하는 습관을 들이자.

그래야 "그러니까, 그게……." 하면서 더듬대는 모습을 보이지 않을 수 있고, 질문에 바로 반응을 보였다는 이미지를 주기 때문이다.

미국 조지아Georgia 주에 있는 브런즈윅Brunswick 주니어 칼리지의 심리학자 존 스트레트는 채용을 위한 면접시험에서 면접관에게 질문을 받았을 때, 대답 시간이 1초인 경우와 15초인 경우를 비교한 자료를 발표했다. 물론 전자가 채용에 유리한 위치를 차지했다. 질문을 받았을 때 곧바로 대답해야 상대의 평판도 좋아진다. 그렇다면 즉답도 방책이다.

하지만 질문을 예상하여 대답을 미리 마련해두었다면 모를까 즉시 대답하기란 쉽지 않다. 따라서 상대의 질문을 따라 하면 일단 위기를 넘길 수 있다. 질문을 복창하면서 잠시 시간을 벌게 되므로 당황한 마음이 진정된다.

상대의 질문을 따라 하는 동안 생각을 정리하고 천천히 질문에 대답하면 된다. 만일 상대가 흡족할 만한 대답이 아니더라도 당당하게 이야기하면 상대는 납득한다.

"예, 다른 옵션에 대해서라면, 안타깝게도 현재 저희 회사에서는 준비된 게 없습니다. 그러나 내부적으로는 검토 중입니다. 죄송합니다."처럼 대답하면 된다. 내가 당당하면 상대도 "아, 그렇군." 하며 더 이상 물고 늘어지지 않으므로 지레 겁먹지 않아도 된다.

상대가 질문이나 요구사항을 던졌을 때, "그러니까, 그게……" 하며 어쩔 줄 몰라 헤매는 모습이야말로 최악 중의 최악이다. 아무리 대답하기 힘든 내용이라도 상대의 눈을 보면서 재빨리 대답하면 적어도 나쁜 인상만큼은 남지 않을 것이다.

PRESENTATION 20

지식도 없이 뛰어난 프레젠테이션은 불가능

당당하게 프레젠테이션을 치르려면 지식은 반드시 필요하다.

"이 분야에서만큼은 내가 프로다!"

"이 상품에 관해서만큼은 어떤 질문에도 대답할 자신이 있다!"

이 정도의 마음가짐이 없다면 당당하게 나서지 못한다.

이 책의 서두에서 프레젠테이션은 내용보다 인품과 열정이 중요하다고 강조했는데, 이는 프레젠테이션 이전의 문제다. 타인에게 무언가를 설명하거나 판매할 상황에 놓였을 때, 대상이 되는 상품과 서비스에 관한 지식이 없대서야 아무것도 시작하지 못한다.

아이오와Iowa 대학의 프랑크 슈미트는 어떤 직업, 어떤 직종이든 직무에 대한 지식 없이 업무 능력이 뛰어난 사람은 없다고 지적한다. 그도 그럴 것이 의학을 전공하지 않은 의사나 세무 지식이 전무한 회계사가 일을 제대로 처리할 리 없잖은가!

나는 스피치에 상당히 자신 있지만 어디까지나 내 전문 분야에 대한 이야기를 할 때뿐이지, 전혀 다른 분야를 설명하라면 입도 벙긋하지 못한다. 지식 없이 제대로 된 이야기가 나올 리 없다.

많은 사람들이 '스피치 능력자'라거나 '프레젠테이션 고수'라는 평판을 들으면 무엇이든 술술 설명할 줄 안다고 여기는데, 이는 착각이다.

아무리 프레젠테이션 고수라 해도 자기만의 전문 분야가 있게 마련이다. 지식이 있는 분야라면 막힘없이 설명하겠지만, 지식이 없는 분야에 관해서는 차마 눈뜨고 보지 못할 정도가 될 수도 있다. 횡설수설하며 너무나 실망스러운 모습을 보이는 경우도 있다.

자신 있게 프레젠테이션에 나서고 싶다면, 무엇보다 상품에 푹 빠져 있어야 한다. 상품에 매료되어 있으면 자연히 그 상품에 관한 지식이 증가한다. 지식이 늘면 목소리에 자신감이 배어 나온다.

지식을 파는 변호사나 의사, 학자들은 모두 당당하다. 지식이 있으면 사람은 무서울 게 없어진다. '아는 게 힘이다'라는 말이 있듯이, 지식이 없으면 사람은 자신 있게 입을 떼지 못한다.

사람의 마음을 움직일 때에는 열정이 중요하지만, 그 열정을 만들어 내는 원동력은 의기왕성하게 꾸준히 파고드는 공부에 있다. 끊임없이 새로운 지식을 얻고자 노력하는 사람은 자연히 열정적으로 열변을 쏟아내기 때문이다.

교사 중에서도 공부하지 않는 사람의 수업은 지루하기 짝이 없다. 반면 열심히 공부하는 교사는 눈을 반짝이며 가르친다. 새 지식을 얻은 사람은 그것을 타인에게 이야기하고 싶어서 입이 근질대기 때문이다.

일에 대한 열정을 잃지 않기 위해서라도 새로운 지식에 욕심부리며 배우려는 자세가 중요하다.

PRESENTATION 21

어려운 내용은 '상대가 아는 말'로 쉽게!

상대의 마음을 울리는 프레젠테이션을 하고 싶다면 '상대가 아는 말'로 이야기해야 한다. 어려운 내용을 설명하는 경우에도 '일상어'로 바꿔 말해야 상대가 이해할 수 있다.

상대의 지식 수준에 맞추지 않으면 커뮤니케이션이 효과적으로 이루어질 리 없다. 이것을 커뮤니케이션의 '개인화Personalization' 혹은 '고객화Customization'라고 한다.

독일 프라이부르크Freiburg 대학의 마키아스 낙클레스는 고객화를 하지 않은 정보가 상대에게 받아들여지는 경우는 없다고 이야기한다. '잘 모르는 내용'에 대해 우리가 "아, 그렇습니까!" 하고 받아들이는 일은 절대로 없다는 뜻이다.

독자 여러분도 아시다시피, 기술자가 작성한 사용설명서를 보면 암만 봐도 도통 이해되지 않는다. 가령 컴퓨터의 워드프로그램을 조작하다가 막혔다고 해보자. '도움말'을 시작으로 이것저것 클릭하다 보면, 다음과 같은 해설 화면이 등장한다.

> …… 텍스트 파일과 함께 저장되는 인코드 방법은 컴퓨터에서 화면에 텍스트를 표시하기 위해 필요한 정보를 제공합니다. 예를 들면, 키릴 문자(Window) 인코드에서 문자 Й에 대한 값은 201입니다. 이 문자를 포함한 파일을 키릴 문자(Window) 인코드를 사용하는 컴퓨터에서 열면, 컴퓨터는 값 201을 읽어내어 화면에 Й을 표시합니다.

이 문장을 읽자마자 납득한 사람도 있겠지만, 컴퓨터에 대한 지식이 거의 제로인 나로서는 무슨 소리인지 도통 모르겠다. 전문가나 기술자가 작성한 문장이나 프레젠테이션에는 이런 형태가 제법 많아서 당황스럽기 짝이 없다.

참고로 나는 컴퓨터가 문제를 일으키면 도움말에 의지하지 않고 '강제 종료' 해버린다. 다소 무리한 방법이긴 하지만, 다시 켜면 컴퓨터는 무슨 일이라도 있었냐는 듯 회복되기 때문이다.

나는 심리학을 강의할 때, 최대한 일상어로 바꾸어 설명하려고 노력한다. 중학생이라도 이해할 정도가 되어야 한다고 늘 신경 쓰다 보니, 내용이 이해하기 쉽고 거부감이 들 정도는 아니라고 자부하고 있다.

　영국의 물리학자 러더퍼드는 '어떤 문제도 바에서 마주한 여성이 이해할 정도로 설명할 수 있어야 한다'며 이야기는 쉬울수록 좋다고 지적했다. 말 그대로다. 어려운 이야기는 철저하게 소화시켜야만 한다. 어려운 이야기를 어려운 말로 설명하는 것은 누구나 할 수 있다. 그것을 얼마나 소화시켰느냐에 따라 발표자로서의 역량이 평가된다.

PRESENTATION 22

아마추어적 발상을
잊어버리지 마라

전해야 할 내용을 고객화할 때는 '아마추어적 발상'을 하는 게 좋다. 바로 상대의 눈높이에 선다는 뜻이다.

상대를 바보 취급한다거나 경멸하자는 게 아니다. 눈앞에 선 사람이 아마추어 중의 아마추어나 초등학생쯤 되는 어린아이라고 가정해야 상대의 마음을 흔드는 프레젠테이션이 가능하다.

예를 들어, 가전제품의 기능을 설명할 때도 "구동 시간은 몇 시간이고……"라거나 "메모리 용량은 몇 기가로……"보다는 "건전지는 단3형을 사용합니다."처럼 누가 들어도 알 수 있도록 기본적인 사항을 설명하는 편이 친절하게 느껴진다.

가전 할인매장에 찾아간 모든 고객이 기계에 정통하고 가전제품에 관심이 있으란 법은 없다. 점원에게는 지극히 상식적인 부분이라도 초보자는 마치 외계어라도 듣는 느낌일 때가 많다.

상품에 대해 조금 설명해보고 고객의 얼굴에 요상한 표정이 떠오른다면 그것은 너무 어려워서 못 알아듣겠다는 사인이다. 이 사인을 놓치지 말고 상대의 눈높이까지 자신을 낮출 수 있는지가 중요하다.

독일 서부에 있는 트리어Trier 대학의 로만 트로셀도 '교섭을 제대로 마무리하려면 상대의 입장에 서야 한다'고 강조했다. 먼저 나보다 상대가 어떻게 생각하는지, 어떻게 느낄지, 상대가 어느 정도 이해해줄지에 민감해져야 한다.

텔레비전 교양프로그램의 제작자들은 의학이나 법률, 컴퓨터 등 어려운 지식을 가급적 알기 쉽게 전달하기 위해 고심한다. 대학 강의와 같은 방법으로는 시청자의 호기심이나 관심을 끌지 못한다. '에라 모르겠다'며 채널을 돌려버리면 끝이다.

이처럼 전문적인 지식이나 용어는 되도록 적게 사용하고 입문자도 이해하기 쉽도록 프로그램을 만들려는 자세만큼은 우리가 배워야 한다.

또한 어려운 이야기를 알기 쉽게 전달하려면 '비유'를 많이 제시하는 것도 방법이다.

"일상적인 예를 들어서 말씀드리면……" 혹은 "이 원리는 세탁기에도 사용 중으로……" 등과 같은 사례를 들면, 복잡한 물리학 법칙도 시청자는 대강 이해한 것 같은 기분이 든다. 발표할 때도 이러한 마음 씀씀이가 필요하다.

〈장한가長恨歌〉 등의 시를 남기고 일본 헤이안平安 시대부터 인기가 높았던 백거이白居易는 시를 쓰면 먼저 농부에게 들려준 다음 그들이 모르는 말이 있으면 다른 말로 바꿨다고 한다. 백거이는 교양 있는 사람뿐 아니라 누구나 이해하기 쉬운 시를 쓰고 싶었나 보다.

어려운 지식을 늘어놓는 프레젠테이션은 발표자 본인은 흡족할지 모르겠지만, 듣는 사람은 내내 불쾌감을 떨쳐버릴 수가 없다. 이렇게 되지 않기 위해서라도 세심한 주의가 필요하다.

PRESENTATION 23

눈빛이 강한 사람의 말에는 힘이 있다

만난 그 순간부터 '될성부른 떡잎'이라고 느껴지는 사람이 있다. 그런 사람들의 공통점은 바로 '야성미'다. 나는 지금까지 적어도 1만 명이 넘는 사람과 명함을 교환했는데, 실력 있는 사람은 어딘가 번쩍이는 야성미가 철철 넘쳤다.

그런 사람은 거리에서도 당당하게 한가운데를 걷는다. 음식점에서 주문할 때는 점원이 금방 돌아볼 정도로 얼마나 큰 소리로 말하는지, 부하에게 지시를 내릴 때는 횡설수설하지 않고 얼마나 명쾌한지, 여러 가지 면에서 야성미가 풍겨난다.

야성미가 있는 사람은 '눈빛' 또한 강렬하다. 마치 먹이를 노리는 맹수처럼 눈이 번쩍인다는 게 특징이다. 눈빛이 강한 사람이 하는 이야기는 왠지 굉장하게 느껴져서 절로 설득당한다. 허무맹랑한 기획이나 제안도 기세에 이끌려 오케이 사인을 내고 말 정도다.

부하나 후배에게 지시를 내릴 때도 '말씀은 알겠지만……' 하며 곧바로 반론당한다면 그것은 눈빛이 약하기 때문이다. 눈에 힘을 주고 강단 있는 눈빛으로 지시를 내리면 설령 지시가 잘못되었더라도 상대는 군말 없이 따라준다. 상사로서의 역량은 눈빛에서 나온다고도 할 수 있다.

그렇다면 눈빛을 강렬하게 만드는 방법이 있을까? 가장 쉬운 방법은 상대와 눈이 마주쳤을 때 그대로 쭉 바라보면 된다. 쑥스러워하며 피해서는 안 된다.

뉴욕에 있는 콜게이트Colgate 대학의 존 드비디오에 따르면, 힘이 느껴지는 사람은 '이야기를 듣는 중에도 상대를 바라보는 시간'의 비율이 높다. 다시 말해, 이야기를 할 때 계속 상대의 눈을 바라보고 있으면 힘이 전해진다는 뜻이다. 참고로 드비디오의 공식에 의하면 상대가 이야기를 할 때 딴 곳을 쳐다보고 있어도 힘이 느껴질 수 있지만, 자칫 상대를 불안하게 만들거나 불쾌감을 줄 수 있으므로 주의하는 게 좋다.

상대의 눈을 바라보는 습관을 들이면, 야성미 넘치는 눈빛을 가질 수 있다. 자신감이 없는 사람은 상대와 눈이 마주쳤을 때 시선을 피해버리는데, 그래서는 아무도 자기의 이야기를 들어주지 않는다.

ONE POINT TIP ②

가벼운 태닝으로 '빈티 나는 이미지'에서 벗어나라

발표자 중에는 간혹 놀랄 정도로 빈티 나는 사람이 있다. 새하얀 얼굴에 체격도 호리호리하다. 똑바로 서 있지만 바람만 살짝 불어도 그대로 날아가버리는 건 아닌지 걱정스러울 정도다. 그런 발표자가 과연 사람의 마음을 움직이는 프레젠테이션이 가능할까? 물론 어렵다. 프레젠테이션에서는 듣는 사람의 마음에 쭉쭉 다가가는 '기세'를 느끼게 해야 하는데, 창백한 얼굴로는 시작부터 점수가 깎인다. 천성적으로 얼굴이 하얀 사람은 가볍게 태닝이라도 해두자. 가볍게 그을려두면 누구나 날래고 용감해 보인다. 체격이 다소 왜소하더라도 나름대로 단단해 보일 수 있다. 물론 플레이보이로 느껴질 정도로 태우면 역효과가 나지만, 휴일에 잠깐씩 밖에 나가면 자연스러운 태닝이 가능하다.

살짝 태닝 하면 '건강'하고 '매력적'으로 보인다

	태닝 하지 않음	가볍게 태닝	적당히 태닝	새카맣게 태닝
건강해 보인다	38.1%	56.8%	60.6%	44.5%
매력적으로 보인다	38.0%	56.5%	60.6%	45.6%

※수치는 '예'라고 대답한 사람의 비율이다.

출처: Broadstock, M. et al., 1992.

흥미로운 실험을 하나 소개한다. 호주에 있는 멜버른(Melbourne) 대학의 마리타 브로드스톡 등은 학생 191명을 대상으로 남녀 두 모델의 사진을 보여주고 각각의 인상을 물었다. 모델의 피부색은 '태닝 하지 않음'에서 '새까맣게 태닝'까지 네 단계로 합성했다. 결과는 위의 표와 마찬가지로 동일 인물인데도 적당히 태닝 한 사진이 건강하고 매력적으로 보였다. 거울에 자신의 얼굴을 비춰보고 허옇고 어딘가 병약해 보인다면 햇볕을 자주 쐬어서 살짝만 그을려둔다.

나는 어렸을 때부터 감기를 달고 살 정도로 병약했다. 초등학생 때는 석 달 정도는 꼬박꼬박 학교를 쉬었다. 그러다가 바다낚시와 등산에 취미를 들이다 보니 자연스럽게 햇빛에 노출되었다. 덕분에 나 자신도 놀랄 만큼 날래고 에너지 넘쳐 보인다는 말을 자주 듣는다.

어떤 사람은 '햇볕에 그을린 정도로 인상이 쉽게 바뀔까?'라며 고개를 갸웃거릴지도 모르겠다. 그러나 사람의 인상은 살짝만 신경 써도 크게 바뀌는 법이다. 고작 '태닝'이라고 가볍게 넘기지 말고 한번 시도해보면 어떨까? 여러분의 이야기를 들어주는 사람이 눈이 휘둥그레질 정도로 늘어날 수도 있다!

PART. 3

승리를 부르는
프레젠테이션 심리테크닉

TATION

PRESENTATION 24

물리적 거리는
심리적 거리와 비례한다

나는 누군가에게 말을 건넬 때 가급적 상대방 곁에 가까이 가려고 노력한다. 멀리 떨어진 곳에서 말을 걸어봐야 마음을 움직이지 못하기 때문이다.

학생을 상대로 강의할 때도 교단에서 내려와 되도록 학생들 사이에서 이야기하려고 한다. 조금이라도 더 다가가서 이야기하면 말하는 사람의 '열의'가 전해진다.

프레젠테이션 할 때는 되도록 청중에 다가가려는 동작을 더했으면 좋겠다. 단상에 서야 한다면 한 발 내려와 첫 번째 줄에 앉은 청중과 얼굴을 마주볼 수 있는 정도의 거리가 이상적이다.

센트럴 플로리다Central Florida 대학의 토마스 버어는 한 여성에게 3분간 스피치를 시키는 실험을 했다. 그때 연사인 여성에게 처음 연설에서는 (35명) 때때로 단상에서 내려와 청중에게 다가가려는 동작을 할 것을 지시했고, 다음 연설에서는(36명) 단상에서 움직이지 말도록 했다. 스피치는 같은 내용과 속도로 진행하도록 지시했다.

두 번에 걸친 스피치가 끝나고 연사에 대한 '호감', '매력', '신뢰감' 등의 항목에 점수를 매겨달라고 했더니, 청중에 다가가려고 했던 첫 번째 스피치가 모든 항목에서 높은 점수를 받았다. 이 실험을 통해, 청중에 다가가려는 노력이 얼마나 효과적인 기술인가를 이해했을 것이다.

명함을 교환할 때, 사이에 테이블이 있는 상황이라면 친밀감이 더해지지 않는다. 그래서 비즈니스 매너에 관한 책에는 '상대의 곁에 가까이 가서 명함을 전달하라'는 내용이 실려 있다.

물리적인 거리가 생기면 그만큼 심리적 거리도 멀어진다. '서로의 거리감'이나 '서먹함' 등의 심리적 거리를 없애는 데 가장 좋은 방법은 상대에게 다가감으로써 물리적 거리를 좁히는 것이다.

테이블을 사이에 두고 상담할 때도 마찬가지로, 가급적 테이블에 가까이 앉아 상체를 앞으로 내밀기라도 해서 상대에게 다가가는 편이 좋다. 고객에게 신뢰받지 못하는 영업사원은 의식적이든 무의식적이든 몸을 뒤로 빼는 자세를 취하는 경우가 많다. 이런 자세가 고객과 나 사이의 거리를 점점 넓힌다는 점을 명심하자.

프레젠테이션을 잘하는 사람은 "잠깐, 이 샘플을 봐주십시오." 하면서 상대에게 다가가 거리를 좁힘으로써 화기애애한 분위기를 만들려고 애쓴다.

PRESENTATION 25

상대를 즐겁게 할 만한 '소도구'를 마련하라

일은 무조건 진지해야 하며 일에 '재미'가 가미되어서는 안 된다고 여기는 사람이 많다. 그러나 그것도 정도의 문제다. 나는 상대가 미소 지을 만한 '소도구' 한두 개쯤은 갖고 있어야 한다고 생각한다.

일례로, 며칠 전 만난 사람은 굉장히 고지식해 보이는 얼굴이었는데, 가방에서 꺼낸 클리어파일에는 귀여운 캐릭터 일러스트가 그려져 있었다. 그걸 본 순간 나는 그 사람에 대한 경계심이 풀어져버렸다.

"굉장히 귀여운 파일을 사용하시네요."

"예에, 딸아이가 준 생일선물이라서……."

그 사람은 수줍은 듯 대답했지만, 이런 작은 소도구는 사람의 마음을 여는 데 도움을 준다.

비즈니스맨은 다들 정장에 가방, 수첩, 필기도구까지 비슷비슷한 걸 사용한다. 그래서 더욱 빙긋이 웃게 만드는 소도구가 효과를 발휘하는 것이다.

뉴사우스웨일즈New South Wales 대학의 조셉 포거스는 상대에게 재미있는 만화가 그려진 봉투가 보이도록 자연스럽게 꺼내둔 다음, "죄송합니다. 혹시 종이 있으시면 한 장만 얻을 수 있겠습니까?"라고 물어보았더니, 실험 대상의 89%가 종이를 꺼내주었다는 실험 결과를 발표했다. 일반 봉투였을 때는 59%만이 응해주었다.

우리는 기분이 흐뭇해지면 상대의 요청에 기꺼이 응답한다. 물론 성실함은 기본적으로 갖추어야 할 부분이다. 그러나 벽창호처럼 굳면 사람은 마음을 움직여주지 않는다.

비즈니스에서는 가만있어도 숨이 막힐 정도로 갑갑한 상황이 만들어지곤 한다. 그럴 때 빙그레 미소 짓게 되는 소도구 하나쯤 있은들 해를 끼치지는 않을 것이다.

명함에 자화상 그림을 넣는다거나 와이셔츠에 귀여운 무늬가 원 포인트로 그려져 있다거나, 또 자세히 보면 넥타이에 물고기 그림이 있다거나 커프스가 동전 모양이라거나, 찾아보면 참으로 다양하다.

머리부터 발끝까지 재미로 가득하면 자칫 불량스러운 인상을 주므로 도움이 되지 않는다. 머리는 염색한 데다가 귀에는 귀걸이, 목에는 목걸이 차림은 아무리 봐도 비즈니스 할 사람으로 보이지 않는다. 어디까지나 전체적으로 비즈니스맨으로 보이되, 아주 살짝 '인간미'가 느껴지는 소도구를 갖추자.

PRESENTATION 26

상황에 따라 과감하게
화제를 전환하라

　나는 파워포인트를 사용한 프레젠테이션을 그다지 선호하지 않는데, 그 이유 중 하나가 상황에 맞춰가며 프레젠테이션을 진행하지 못하기 때문이다. 그래픽을 넣은 파워포인트로 프레젠테이션을 하게 되면 거기에 매달리게 되어 그 외의 이야기는 꺼내기 힘들다.

　처음부터 슬라이드를 준비하지 않았을 경우, 만약 상대가 지루한 듯 보이면 전혀 다른 이야기를 잠시 꺼낼 수도 있고 언제나 자유롭게 주제를 바꿀 수 있다.

　가령 〈고객의 심리를 읽다〉라는 주제로 강연을 의뢰받았다고 해보자. 참석자 대부분은 회사에서 다녀오라는 명령을 받고 마지못해 앉아 있는 사람들이다. 슬라이드를 꼼꼼하게 준비한 강사는 순서대로 이야기를 진행할 테니 억지로 앉아 있는 참석자들에겐 여간 지루한 일이 아닐 수 없다.

그럴 때 나라면 대담하게 주제를 바꾸겠다.

"오늘은 〈고객의 심리를 읽다〉라는 주제로 이야기해달라는 말씀을 들었는데요. 여러분 모두 젊으시고 독신인 분도 많으실 것 같네요. 그래서 어떻게 하면 이성에게 호감을 얻을 수 있는지를 중심으로 말씀을 드리도록 하지요."

그러면 청중들은 '와~' 하고 웃으며 우레와 같은 박수가 쏟아진다. 이야기를 해야 하는 입장에서는 청중이 환한 얼굴로 반겨줄 때 진행하기가 훨씬 수월하다. 물론 가장 마지막에는 "오늘 이야기는 여성의 심리뿐 아니라 고객의 심리를 읽는 데도 사용할 수 있습니다."라고 원래 주제로 되돌아가서 주최자에게 실례가 되지 않도록 마무리한다.

관심 없는 이야기는 들으려고 하지 않는 게 사람이다. 그래서 프레젠테이션에서는 상대의 관심을 얼마나 불러일으키느냐가 가장 중요하다.

자동차 영업사원이 엔진에 문외한인 고객에게 성능이 얼마나 뛰어난지 백날 설명해봐야 지루해할 뿐이다. 만약 자녀를 데리고 온 고객이 있다면, "이 차는 뒷좌석을 눕히면 장기여행에 꼭 맞는 침대가 됩니다."라고 말을 꺼내보면 어떨까? 자동차로 가족여행을 즐기는 사람이라면 슬

슬 관심이 생길 것이다. 혹은 "컵홀더가 많아서 다양한 음료수를 보관할 수 있습니다."라고 하면 아내와 아이들이 크게 반길지도 모른다.

프레젠테이션이든 영업이든, 무엇이든 마찬가지다. 상대에 따라, 상황에 따라 설명할 주제를 바꿀 줄 알아야 한다.

처음부터 자료나 슬라이드를 완벽하게 만들어버리면 아무래도 거기에 연연하여 '그 밖의 이야기'를 꺼내기가 힘든데, 바로 이것이 파워포인트의 약점이다. 지나치게 잘 만든 슬라이드는 유사시에 화제를 전환하지 못하게 한다.

따라서 자료나 슬라이드를 작성할 때는 개략적인 내용을 담고, 남은 부분은 자신의 입으로 설명하도록 준비해야 한다.

PRESENTATION 27

적재적소에 '손'을 사용하면 발표에 날개가 달린다

프레젠테이션에서는 일반적으로 발표자가 마이크 앞에 서서 이야기한다. 이런 모습은 청중 입장에서 볼 때 같은 화면이나 변하지 않는 그림을 계속 봐야 하는 것처럼 싫증이 난다.

광고심리학에는 스포티스우드 Spottiswoode 이론이 있는데, 텔레비전 광고영상에서 같은 장면이 계속 지나가면 시청자는 싫증을 낸다고 한다. 그래서 장면을 자주 바꿔서 질리지 않도록 지혜를 짜낸다.

그런데 프레젠테이션에서는 청중이 지루해하지 않도록 연구하는 발표자가 손에 꼽을 정도다. 같은 장면을 지겹도록 보이면서도 전혀 신경 쓰지 않는다. 물론 열정을 담아 다양한 표정으로 이야기하면 청중도 집중하여 귀를 쫑긋 세운다. 그렇다 해도 역시 '움직임'을 추가하라고 말하고 싶다.

화이트보드에 글씨를 쓴다거나 연단에서 멀리 가보기도 하고, 단상을 왔다 갔다 하면 청중은 하품할 새가 없다. 뛰어난 발표자는 무의식중에 이러한 동작을 넣는다.

개인적인 의견을 조금 보태자면, 단상에서 왔다 갔다 하는 모습은 약간 어수선하게 보일 수도 있다. 역시 발표자는 중심을 잡고 한가운데 서 있는 모습이 바람직하다. 굳이 동작을 더한다면 '손' 정도만 사용하는 것이 좋다.

미국의 대통령 연설을 참고하라. 그들은 연단에서 움직이지는 않지만, 손을 빈번하게 움직이면서 매우 인상 깊은 연설을 한다. 라쿠고가도 역시 자리에서 일어서는 일은 없지만, 영리하게 손과 부채를 이용하여 역동적인 모습을 연출한다.

'손'을 제대로 사용하면 자신의 발언에 날개가 달린다. 반대로 큰 움직임 없이 이야기하면 그런 뒷심이 생기지 않는다.

콜롬비아Columbia 대학의 프란시스 로셔는 '손을 움직이지 마라'는 지시하에 대화를 시켜보았더니, 흐름이 끊기며 말이 술술 나오지 않았다고 보고했다. 우리는 손으로 리듬을 맞추면서 이야기하는데, 그 손을 멈추게 하니까 제대로 말을 하지 못하는 것이다.

취직 면접을 볼 때도 손을 허벅지 위에 붙이고 안 움직이면 대답이 어색해지는 사람이 많다. 그럴 바에야 손을 움직이는 편이 낫다.

한마디 덧붙이자면, 프레젠테이션 중에는 가급적 손바닥이 상대를 향하게 하고 이야기를 풀어가는 게 좋다. 그러면 열린 분위기가 상대에게 전달되고 말을 하기도 훨씬 수월해진다.

PRESENTATION 28

등을 곧게 펴면 목소리에도 힘이 실린다

우리는 왠지 위축돼 보이는 사람이 하는 이야기에는 귀를 기울이지 않는다. 어딘가 자신 없어 보이기 때문이다. 등을 구부리고 어정쩡하게 서서 "저는 이 상품을 소개하고 싶은데……." 하고 호소했을 때 고개를 끄덕이며 관심을 보이는 사람이 과연 있을까?

사람과 이야기할 때는 등을 곧게 펴야 한다. 앉아 있을 때에는 의자에 살짝 걸터앉되 등받이를 사용해서는 안 된다. 등받이를 사용하면 등을 꼿꼿이 펴지 못한다.

콜로라도Colorado 대학의 토미 로버츠는 실험을 통해 가슴을 펴고 등을 곧게 세우면 정신도 꼿꼿해진다는 사실을 확인했다. 반대로 어깨를 축 늘어뜨리고 머리를 숙이고 처진 모습을 취하면 기분도 가라앉고 자신감이 생기지 않는다.

한심하기 그지없지만, 나는 평소에 새우등을 하고 다닌다. 학생을 상대로 강의할 때도 등이 살짝 굽어 있다. 그러나 중요한 이야기를 할 때면 의식적으로 등을 쭉 펴면서, 지금부터 아주 핵심적인 이야기를 하겠다는 사인을 학생들에게 보낸다. 평소 자세가 나쁘더라도 중대한 이야기를 할 때만큼은 등을 곧게 펴기를 바란다.

희한하게도 등이 굽은 채 이야기하면 학생들은 필기를 하지 않는다. '시답잖은 이야기인가 보다' 하고 직감적으로 아는지도 모르겠다. 아니면 내 목소리에서 기운이 느껴지지 않아서일까? 그런데 내가 등을 펴고 이야기하면 학생들은 금방 필기를 시작한다. 자세를 바르게 하면 목소리에도 힘이 실려서 파워가 느껴지나 보다.

하버드 대학의 도나 카니에 따르면 등을 편 곧은 자세는 꾸부정한 자세에 비해 늠름해 보인다고 한다. 발표자 입장에서는 자신감 넘치고 당당한 이미지가 풍겨야 발표에 힘이 실리기 때문에 등을 곧추세우는 일은 더욱 중요하다.

자세가 꾸부정하고 나쁘다는 것은 복근과 배근이 약해진 탓이다. 근력이 약해지면 체중을 지탱하지 못하기 때문에 자세가 나빠진다.

알고는 있지만 지금 당장 복근을 단련하지 못하겠다는 사람은 중요한 사람을 만날 때나 프레젠테이션 당일에라도 배에 '복대'를 둘러보자. 자연히 등이 곧게 펴진다.

등을 곧게 편 자세는 보는 사람에게 힘을 느끼게 한다. 평소에 자세를 바로 하는 훈련을 해보자. 결코 헛수고로 끝나지는 않을 것이다.

PRESENTATION 29

절도 있는 행동으로
상대를 매료시켜라

　훌륭한 발표자는 동작에 절도가 있다. 각이 있는 동작은 기운과 젊음을 느끼게 해주어 호감도를 높이는 데 도움이 된다.

　존 F. 케네디는 취임 직후 지지율 72%라는 경이적인 인기를 자랑하던 대통령이다. 전후 케네디를 넘는 지지율을 얻은 대통령은 아직 없다. 그는 연설할 때 우물쭈물하지 않았으며 계단을 성큼성큼 올라가는 등 절도 있는 동작으로 사람을 매료시킨 것으로 유명하다.

　정치가 중에는 연설이나 강연 중에 자신의 이름이 불리면 거드름을 피우며 느릿느릿 자리에서 일어나 무대로 향하는 사람이 많다. 일부러 천천히 움직여서 마치 거물인 양 보이는 게 목적인지 모르겠지만, 독자 여러분은 절대로 흉내 내서는 안 된다.

발표할 때는 의자에서 재빨리 일어나 절도 있게 움직여야 한다. 흉내를 내려면 케네디 대통령을 참고하라. 강연장에 들어갈 때도 마찬가지다. 천천히 강단에 올라가기보다는 경쾌하게 걸어가는 편이 훨씬 좋은 인상을 풍긴다. 정치가처럼 어느 정도 얼굴이 알려졌다면 모를까. 대개는 발표자를 잘 모르는 상태이기 때문에 거만하게 굴 이유는 어디에도 없다. 거드름 피우면서 꾸물대면 뻔뻔하다는 인상을 줄 뿐이다.

미국 매사추세츠Massachusetts 주에 있는 브랜다이스Brandeis 대학의 조안 몬트페어는 젊음을 느끼게 하려면 ①다리를 높게 들고, ②팔을 크게 휘두르며, ③상하로 박자를 맞추며 걷는 게 좋다고 조언한다. 다리를 높이 들지 않고 팔도 휘두르지 않고 걸으면 자칫 나이 든 사람처럼 보인다.

나는 대학 강의실에 들어갈 때든 강연할 회사를 방문할 때든 가급적 경쾌하게 걸으려고 노력한다. 터벅터벅 걸으면 자신의 인상을 나쁘게 만들기 때문이다.

절도 있게 걷기가 쉽지는 않지만, 호감 가는 인상을 주기 위해서 반드시 필요하다. '저 사람은 언제나 젊어 보이고 생기 넘치네'라고 주변 사람들이 느낄 정도로 걸어야 한다.

매장에서 고객을 대할 때도 마찬가지다. 알아서 착착 움직이는 점원을 보면 기분이 좋다. 반대로 꾸물대는 점원은 고객도 굉장히 싫어한다.

말을 거는데 대답도 하지 않고 딴청을 피우는 등 반응이 늦으면 고객은 화가 치민다. 재고 확인을 부탁했을 때, 재빨리 달려가지 않고 느릿느릿 창고로 향하는 점원의 뒷모습을 보고 미소 지을 고객은 단 한 명도 없다. 마음속으로는 '도대체 뭐하는 거야?'라며 화를 내고 있을 것이다.

엉덩이가 무거워서는 안 된다. 발놀림이 빠른 사람이 되자. 그러면 프레젠테이션에서도 반드시 좋은 인상을 줄 것이다.

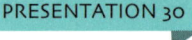
PRESENTATION 30

깊은 인상을 남기려면 '반전'을 연출하라

어느 초등학교 입학식에서 있었던 일이다. 선생님들이 한 명씩 순서대로 자기소개를 시작했다. 인상이 굉장히 험악한 남자 교사가 앞에 나와 안경을 벗으며 이렇게 운을 뗐다.

"저는 다른 사람들에게 무서운 사람으로 보이나 봅니다. 하지만 이렇게 상냥합니다. 앞으로 잘 지내요!"

당연히 아이들은 이 선생님에게 호감을 느꼈다.

얼굴이 우락부락하다거나 뱁새눈이어서 표정이 매섭다면 기본적으로 큰 점수를 얻지는 못한다. 선뜻 다가가기가 꺼려지기 때문이다.

그러나 생김새와는 반대로 굉장히 친절하다거나 자식 사랑이 남다르다거나 자연을 무척 사랑한다거나 휴일에 봉사활동을 하는 등 '얼굴 이미지'와는 전혀 다른 이미지를 풍긴다면 평가가 훨씬 높아진다. 상상하지도 못한 일이기에 그를 '다시 보게' 되는 것이다.

달콤한 수박에 짜디짠 소금을 살짝 뿌리면 단맛이 더욱 강하게 느껴지듯이, 얼굴은 험상궂은데 어딘가 귀여운 구석이 있다면 그것이 더욱 부각되어 상대에게 전해진다.

발표자는 얼굴이 생명이다. 따라서 미인과 미남이 어느 정도 유리할 수밖에 없지만, 호박 같은 얼굴이라고 늘 실패만 하느냐면 결코 그렇지 않다. 목소리가 부드럽다거나 남들보다 잘 웃는다거나 하는 노력에 따라 얼마든지 매력적으로 보일 수 있다.

나는 얼굴선이 사마귀처럼 길쭉해서 왠지 차가운 이미지를 풍긴다. 무표정으로 있으면 더욱 그렇게 보인다고 한다. 그래서 사람을 만날 때는 애써 '따뜻한 사람'을 연출한다. 그러면 대비 효과가 커져서 따뜻함이 한층 강렬하게 전달된다. '나이토 선생은 언뜻 차갑게 보이지만, 사실은 정말로 따뜻한 사람'이라고 이해해준다면 긍정적인 평가가 높아지므로 고마운 일이다.

본디 온화한 사람보다 겉모습은 차갑게 보이지만 속은 따뜻한 사람이 높은 평가를 받기도 한다. 심리학에서는 이를 '게인-로스 효과 Gain-loss Effect'라고 부른다.

일리노이 Illinois 대학의 제럴드 쿨로어는 자료를 통해, 처음에는 차갑게 대하다가 나중에 따뜻한 태도로 바꾼 사람이 처음부터 계속 따뜻하게 행동한 사람보다 호감도가 높았다고 보고했다. 처음 이미지와 다른 점이 반전을 만들어냈고 호감도로 이어진 것이다.

얼굴이 매섭다고, 미남형이 아니라고 자책할 필요 없다. 생김새를 보충할 정도로 좋은 성격과 인품을 갈고닦으면, 외모와 성격의 차이에서 오는 반전 덕에 여러분은 더욱 높은 평가를 받게 될 것이다.

PRESENTATION 31

마음을 움직이려면 '긴장감 있게' 이야기하라

청중이나 고객의 심리는 발표자의 목소리에 영향을 받는다. 열의가 없는 목소리로 말을 시작하면 고객도 지루해하고, 목소리에 열정이 넘치면 상대의 기분도 고조되는 법이다.

나는 여러 사람 앞에서 이야기할 때에는 '살짝 상기된 상태'가 좋다고 생각한다. 영업사원이 살짝 긴장돼 있으면 그 목소리를 들은 고객도 덩달아 긴장하게 된다. 이것을 '유도'라고 한다. 너무 긴장한 바람에 뻣뻣해져서는 안 되겠지만, 살짝 지나치다 싶을 정도가 적당하다. 학생들 사이에서 인기가 있는 선생님을 보면 모두 상기돼 있다. 그래서 더욱 학생들의 마음을 사로잡을 수 있다.

발표자는 이른바 배우다. '안정감 있게 이야기하라'는 그럴싸한 조언을 늘어놓은 책도 있지만, 그래서 타인의 마음을 움직일 수 있을까?

프레젠테이션 참가자들은 살짝 상기되어 목소리에서 생기가 넘치는 발표자에게 호감을 느낀다. 이를 뒷받침하는 자료 하나를 소개한다.

독일 남부 바이에른Bayern 주에 있는 뷔르츠부르크Würzburg 대학의 롤란드 노이만은 철학서를 낭독한 테이프를 세 종류 준비했다. 즐거운 목소리, 일반적인 목소리, 슬픈 목소리로 녹음한 테이프다. 화자는 모두 동일 인물이었다.

즐거운 목소리로 이야기하면 높은 평가를 받는다

목소리 종류	듣는 이가 받는 인상
즐거운 목소리	7
일반적인 목소리	6
슬픈 목소리	2.7

※수치는 높을수록 호감도 높음을 나타낸다.

출처 : Newman R., & Strack, F. 2000.

학생 30명에게 테이프를 들려주고 화자의 인상을 물어보니, 그래프와 같은 결과를 얻었다. 이 결과만 봐도, 동일 인물이라도 목소리에 따라 평가가 전혀 다르다는 것을 알 수 있다.

일대일이라면 안정된 말투가 호감을 주기도 한다. 그러나 일대삼이나 그 이상이라면 조금 상기되어 살짝 긴장된 목소리를 내야 자신의 생각이 상대에게 잘 전달된다.

일대일이라면 이쪽의 힘을 상대에게 100만큼 전달할 수 있지만, 상대가 5명이라면 이쪽의 힘은 20씩 분산돼버린다. 따라서 이쪽이 500까지 기분을 높이지 않으면 균형이 맞지 않는다.

의욕이 낮아서는 타인의 마음을 움직이지 못한다. 큰 목소리, 살짝 과한 동작을 섞어서 이야기해야 상대도 조금씩 상기되어 이야기에 귀를 기울인다.

PRESENTATION 32

프레젠테이션 전에 '친분'을 나눠라

세미나와 강연회에는 강사를 위한 대기실이 마련돼 있다. 시작할 때까지 편하게 있으라는 주최 측의 배려다. 하지만 대기실에만 있는 것은 좋지 않다고 생각한다.

나는 강연이 시작되기 전에 미리 강연장에 들어가서 참가자와 대화를 나눈다. 로비에서 쉬고 있는 참가자에게 다가가 말을 걸기도 한다. 그렇게 대화를 하다 보면 강연 시작 전부터 일부 참가자와 '친분'을 나누게 되기 때문이다. 여러분도 반드시 해봤으면 좋겠다. 막상 강연이 시작되면 나와 미리 인사를 나눈 사람은 살포시 미소 지으며 이야기를 들어준다.

앞에 나서서 말하기는 사실 부끄럽다. 상대가 모르는 사람들이라면 더더욱 힘들다. 그런데 강연 전에 5분이든 10분이든 인사라도 해두면 긴장감이 조금은 풀린다. 마치 친구들 앞에서 수다 떠는 기분이 들면서 강연에 대한 공포심을 날려버릴 수 있다.

미국 사우스캐롤라이나South Carolina 주에 있는 퍼먼Furman 대학의 베스 폰타리는 비디오카메라 앞에서 자기소개를 시켰을 때, 지인이 곁에 있는 상황과 없는 상황을 비교했다. 실험 결과, 지인이 있는 쪽이 흔들림이 없고 당당하게 자기소개를 했다고 한다. 극도로 긴장한 사람일수록 지인이 가까이에 있는 편이 자기소개를 제대로 해낼 수 있었다고 한다.

세미나와 강연에 앞서 미리 인사하면서 '친분'을 쌓아두면 강연장에 들어가서도 '아, 아까 그 사람이다!' 하는 반가운 마음에 긴장감이 누그러진다. 따라서 되도록 먼저 다가가는 마음으로 참가자들과 대화라도 몇 마디 나누도록 노력한다.

회의도 마찬가지다. 일찌감치 회의실에 들어가서 다른 참석자들과 대화를 나누다 보면, 이후 치러질 회의가 원만하게 진행되는 경우가 많다. 대개 대화를 나눈 상대는 내 의견에 반대하기보다는 편을 들어주거나 협조해주므로 회의도 마음먹은 대로 나아간다.

상담도 마찬가지다. 상대가 3명인 경우 전원이 동시에 나타나기도 하지만 한두 사람이 먼저 오는 일도 있다. 이때 먼저 온 사람들과 인사를 나눠두면 이후 화기애애한 분위기에서 상담을 진행할 수 있다.

모르는 사람 앞에서 말하기보다 일면식이라도 있는 사람 앞에서 이야기하면 당연히 마음이 안정된다. 따라서 모르는 사람들 앞에서 발표를 해야 할 때는 시작 전에 얼마나 많은 사람과 대화를 나눠두는가가 성공적인 발표의 열쇠가 된다.

결혼식 인사말도 마찬가지다. 인사말을 부탁받았을 때 식장에 모여 있는 사람들에게 먼저 다가가서 말을 걸고, "예에, 신부 측 친척분이시군요…….." 혹은 "그러십니까? 신랑의 대학 동창생이십니까? 저는 신랑과는 ……한 관계로…….."와 같이 대화를 나눠두면, 막상 인사말을 할 차례가 돌아왔을 때 긴장감이 어느 정도 풀리게 된다.

PRESENTATION 33

많은 '질문'을 던지는 것도 말하기의 요령

프레젠테이션을 할 때에는 이야기 중간에 상대가 절로 "맞아, 맞아!" 하며 무릎을 탁 칠 정도의 질문을 하는 게 좋다. "A는 B입니다." 식의 설명보다는 "A는 B라고 생각하지 않으십니까?"라는 질문을 던지면서 진행하라는 뜻이다.

성적이 뛰어난 영업사원은 주로 의문형이나 질문형 화법을 사용한다.

"……에 불편함을 느낀 적은 없으십니까?"

"이러한 서비스가 있었으면 좋겠다, 하고 생각한 적은 없으십니까?"

이렇게 질문을 던지는 것이 특징이다.

사람은 마치 자기 이야기 같다고 여겨지는 질문을 받으면 흥미를 갖게 된다. 아주 평범한 말투로 프레젠테이션을 진행하면 어지간히 흥미로운 내용이 아닌 한, 듣고 있는 사람의 눈은 점점 감긴다. 질문은 듣는 이의 잠을 쫓는다는 의미에서도 효과만점이다.

"……라고 생각하지 않으십니까?"라고 물으면 우리는 그 질문에 대한 답을 궁리한다. 설령 그것이 자신을 향한 질문이 아니더라도 반사적으로 대답을 떠올리려고 한다. 앞에서 질문을 하면 그저 묵묵부답으로 앉아 있을 수만은 없으므로 좋든 싫든 적극적으로 참여하게 된다.

실제로 청중의 반응이 영 시원찮을 때에는 틈틈이 질문을 던져보자.

"예, 제일 첫 번째 줄에 앉아계신 분. 예, 맞습니다. ……일 때에는 어떻게 하면 좋을까요?"

질문을 하면 지목받은 본인뿐 아니라 다른 사람들도 다음은 자기가 지목될 수도 있다는 생각에 열심히 귀를 기울인다.

이탈리아 북부에 있는 빌라노바 Villanova 대학의 파멜라 블레위트는 아이에게 '책'을 읽어줄 때 그저 들려주기보다 간간이 "이것은 어떤 뜻인 것 같아?"라고 묻는 편이 아이들의 이해를 돕는다는 것을 알아냈다.

뛰어난 화자는 질문도 잘한다. 질문으로 자신의 이야기에 상대를 끌어들이는 것이다.

대학에서 강의할 때 평범하게 강의를 진행하면 아무도 들어주지 않는다. 대학생들은 정말 관심이 많은 강의를 제외하고는 그렇게 열심히 임하지 않기 때문이다. 그래서 나는 무조건 질문화법을 사용하여 긴장감과 집중력을 잃지 않도록 노력한다. 그래도 자는 학생은 늘 자게 마련이라서 내 지도력 부족을 늘 한탄하지만 말이다.

ONE POINT TIP ③

짧은 문장으로 이야기하는 습관을 들여라

"……라는 것이 가능성으로 생각되기도 합니다만, 그렇더라도 그것이 확실히 일어난다는 근거도 없으므로 …….."와 같이 언제까지고 말이 계속 이어지는 애매모호한 말투는 좋지 않다.

접속사가 너무 많아서 문장 파악도 안 될뿐더러 무슨 말을 하는지 이해하기 힘들어지기 때문이다.

이야기할 때는 기본적으로 짧은 문장으로 잘라 말하는 게 좋다.

"……일지 모릅니다만."

"……입니다만."

이처럼 역접으로 이어질 때도 "A는 B입니다."로 일단 한 박자 쉰 다음, "그러나……"로 잇는 편이 듣는 이가 알아듣기 쉽다. 문장을 짧게 이어가는 것이 말하기 요령이다.

미시시피(Mississippi) 대학의 제프리 켈리는 명쾌하게 단정적으로 상황을 설명하는 것이 신뢰가 생기고 교양 있어 보이며 정직하다는 평가를 받는다는 점을 확인했다. 어금니에 이물질이 낀 것처럼 무슨 소리를 하고 싶은지 잘 이해되지 않는 말투는 피해야 한다는 것이다.

정치가는 애매한 말투로 유명한 직업군이기도 한데, 고이즈미 준이치로(小泉純一郎) 씨는 매우 알기 쉽게 이야기했다. 또박또박 문장을 짧게 자른 것 같은 말투의 특징이 있었다. 이러한 말투는 듣는 이에게 호감을 준다.

우리는 자신이 없을 때 문장을 길게 늘어뜨리는 경향이 있다. 한 문장, 한 문장을 단정적으로 잘라 말하면 될 것 같지만, 사실 잘 안 된다. 일부러라도 단정적으로 짧게 말하기를 권한다. 그 편이 절대적으로 효과가 좋다.

학자라는 사람들은 "A라는 가능성이 없는 것은 아니다."라거나 "A가 B라고까지는 단정 지을 수 없다."처럼 단정 짓기를 몹시 꺼리는 경향이 있다. 학자는 사물이 흑백으로 명확하게 구분되지 않는다는 점을 알고 있기 때문에 말꼬리를 흐리게 된다.

그러나 여러분은 학자가 아니다. 백은 백, 흑은 흑이라고 단정 지어서 자신의 입장을 분명히 밝혀야 한다. A라는 상품이 좋은지, B라는 상품이 좋은지를 명확하게 밝히지 않고, "둘 다 장점과 단점이 있어서……"라고 흐리터분하게 프레젠테이션을 했다가는 고객도 혼란스러워진다.

'너무 잘라 말하는 게 아닌가?'라고 걱정이 될 정도로 단정적으로 말할 줄 알게 되었다면, 잘 해낸 것이다. 대개 그렇게까지 강단 있게 단정을 짓지 못하기 때문이다.

PART. 4

프레젠테이션 고수가 되기 위한 필수지식

TATION

PRESENTATION 34

옷차림이 단정해야 '능력' 있어 보인다

여름이 되면 쿨비즈 운동의 일환으로 기업에 따라 '노타이도 상관없다'거나 '정장화가 아닌 샌들도 무관하다'를 외치는 곳이 늘고 있다.

이런 세상의 흐름과 역행하는 것 같지만, 프레젠테이션 발표자에겐 여름이건 겨울이건 반드시 상의와 넥타이가 필수라고 생각한다.

주변 사람들이 모두 노타이에 팔뚝을 드러냈더라도, 넥타이를 딱 매고 제대로 정장을 차려입으면 그만큼 '능력' 있어 보이며 무슨 일이든 척척 해치우는 사람이라는 인상을 줄 수 있다.

넥타이를 매면 확실히 덥긴 하다. 너무 더워서 머리가 이상해질 정도다. 그런데 넥타이를 매지 않으면, 왠지 느슨해 보이고 단정하지 못하며 품위가 없어 보이는 이미지를 풍길 수 있다. 그래서 나는 한여름 뙤약볕이 쏟아져도 넥타이는 반드시 매고 다닌다.

업무차 방문한 곳에서 "나이토 선생님, 안 더우십니까! 넥타이라도 푸시죠?"라고 해도 "부탁입니다. 이대로 있게 해주십시오. 넥타이를 풀면 제 신통력이 다 사라질 것만 같아서요."라고 웃으며 대답한다. 단정하지 않은 차림으로 백날 좋은 이야기를 한들 상대의 마음에 미치지 못한다는 판단에서다.

복장이 변변치 않으면 글자 그대로 '사람이 따르지 않는다'는 사실을 검증한 실험도 있다. 프랑스 브르타뉴Bretagne 대학의 니콜라스 게겐 등은 25세 남성에게 바람잡이를 부탁하여 적신호를 무시하고 횡단보도를 건너게 했다. 물론 사고를 방지하기 위해 차가 오는지 확인하고 건넜다. 이때 다른 보행자가 따라서 건너는지를 몰래 확인해본 것이다. 게겐 등은 바람잡이 남성에게 옷을 다양하게 갈아입혀 같은 실험을 반복했다. 그러자 따라서 건너는 사람의 비율은 128쪽 그래프와 같았다.

이 자료에서도 명확히 드러나듯이, 말쑥하게 차려입었을 때는 그 사람을 따라 자기도 모르게 신호를 무시하는 데 반해, 지저분한 차림일 때는 '저런 사람은 따라 하기 싫다'는 생각에서인지 따라 건너지 않았다.

프레젠테이션도 똑같다. 복장이 단정하면 '이 사람이 하는 말이라

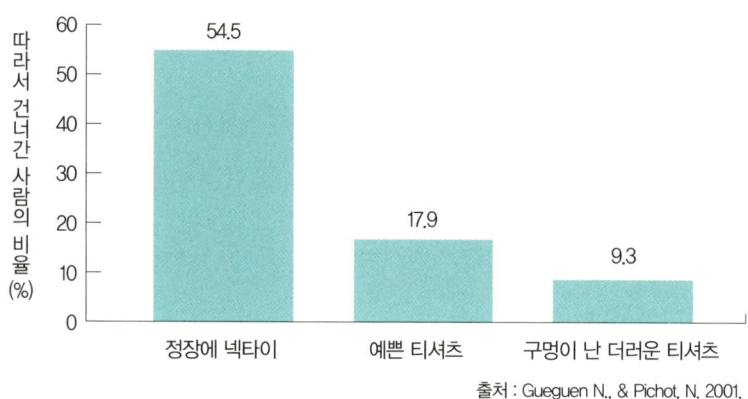

단정하게 차려입은 사람을 따라간다

출처 : Gueguen N., & Pichot, N. 2001.

면……' 하고 신뢰를 받는 반면, 대충 걸쳐 입은 차림이면 아무리 열변을 토해도 '이번에는 아무래도 힘들겠다'는 답변을 듣게 된다.

기껏해야 옷차림 아닌가 하고 우습게 봐서는 안 된다. 여름에도 더위를 참고 정장에 넥타이를 맨 만큼의 보상은 반드시 있을 것이다. 더우면 상의를 벗어서 손에 들면 되고, 사람을 만날 때만 챙겨 입으면 된다. 하지만 집을 나설 때부터 웃옷이 없다면 더 이상 손쓸 도리가 없다.

PRESENTATION 35

'미소천사'가 주는 프레젠테이션 효과

메이지明治 시대 총리대신 가쓰라 타로桂太郎는 젊어서 무진전쟁(戊辰戰爭, 1864년 유신정부와 구 막부군 사이에 16개월 동안 치러진 전쟁 - 옮긴이)에도 나선 군인이었다. 그러나 그는 전혀 군인답지 않은 애교 넘치는 얼굴의 주인공으로, 누구에게든 빙긋이 미소 지으며 "부탁 좀 할게." 하며 어깨를 톡톡 두드릴 뿐인데도 다들 부탁을 들어줬다고 한다. 그래서 '니코폰(ニコポン, '빙긋이 톡톡'의 뜻 - 옮긴이) 대신'이라는 별명이 붙었다. 가쓰라 타로는 특유의 '미소'로 사람을 움직였으며 회유와 조정의 달인으로도 불렸다.

'이 사람이 부탁하면 거절할 수가 없다. 못 당하겠다' 하는 발표자는 모두 웃는 얼굴이 빼어난 사람들이다. 화라도 난 것처럼 시종일관 부루퉁

한 표정으로 이야기한들 아무도 들어주지 않는다.

가쓰라 타로처럼 웃는 얼굴만으로 부탁을 거절하지 못하게 만드는 사람을 나는 '미소천사 발표자'라고 부른다. 미소가 환한 발표자가 될 수만 있다면, 일일이 애걸하듯 설명하지 않아도 프레젠테이션은 원하는 대로 마무리된다. 매사에 상세히 설명하고 납득시켜야만 일이 이루어진다면 아직 내공이 부족한 상태다.

분명히 밝혀두겠다. 웃는 얼굴의 정도, 빈도, 지속 시간을 늘리기만 해도 여러분의 프레젠테이션 능력은 확실하게 향상된다. 지금 당장이라도 실천할 수 있는 항목이다.

인간이라면 누구나 잘 웃는 사람에게 끌리게 마련이다. 웃는 낯에 침 뱉을까 하는 옛말도 있지 않은가!

설마 하며 반신반의 하는 독자 여러분에게 자료 한 가지를 소개한다. 네덜란드에 있는 암스테르담Amsterdam 대학의 아니크 뷔르트라는 심리학자는 한 남학생에게 부탁하여 백화점과 슈퍼마켓, 쇼핑센터에서 쇼핑을 하는 고객을 상대로 '동물 보호를 위한 모금을 도와달라'며 말을 걸어보게 했다. 이 남학생에게 절반의 고객에게는 미소 띤 얼굴로, 나머지 절반에게는 가급적 무표정하게 모금을 부탁하도록 시켰다. 그러자 모금에 응해준 사람은 다음 그래프와 같았다.

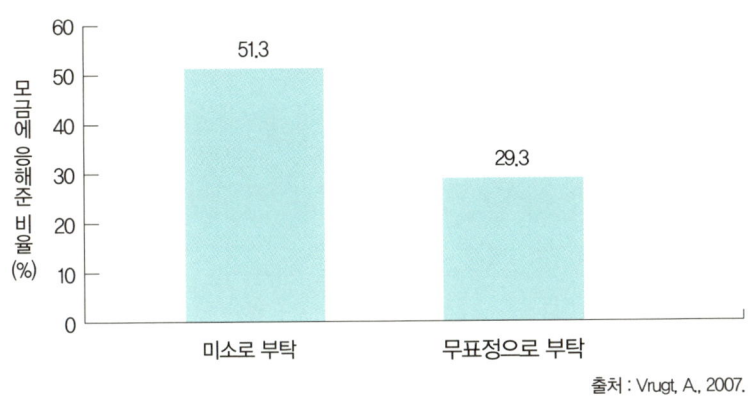

'웃는 얼굴'로 부탁하면 거절하지 못한다

출처 : Vrugt, A., 2007.

동일 인물인데도 웃음을 보이느냐, 안 보이느냐에 따라 부탁을 들어주는 비율에서 높은 차이를 보였다.

내가 미소천사 발표자가 되라고 권하는 이유는 효과가 매우 뛰어나기 때문이다. 엉터리 방법이 아니라 꼭 필요한 팁이다.

"웃는 얼굴을 보이라니, 어처구니가 없다."

"붙임성 있게 굴라니, 마치 아부하는 것 같아서 싫다."

이렇게 생각하는 사람도 있을지 모르지만, 그래서는 프레젠테이션에서 원하는 결과를 얻지 못한다. 자잘한 부분에 연연해하지 말고 진짜 '미소천사'가 되기를 바란다.

PRESENTATION 36

무게중심을 가운데 두고 똑바로 서라

프레젠테이션을 지도하면서 언제나 깨닫는 부분은 '자세'다. 대학생이건 사회인이건 모두 자세가 바르지 않다. 등은 구부정하게 굽어 있고 짝다리로 서지 말라고 여러 차례 주의를 줘도 어느새 몸이 한쪽으로 기울어지는 경우가 많다. 이런 자세는 누가 보기에도 좋지 않으므로 해서는 안 된다.

발표자는 정면에서 봤을 때 똑바로 곧게 서 있어야 한다. 프레젠테이션이 끝날 때까지 계속 말이다. 짝다리를 짚고 쉬는 자세로 프레젠테이션을 하는 사람이 많은데, 썩 보기 좋은 모습이 아니다. 건물도 마찬가지로, 기울어진 건물을 아름답다고 느끼지는 않는다. 피사의 사탑이 아무리 유명해도 결코 아름답지는 않다.

한쪽 다리에 체중을 실으면 어깨가 기울어진다. 이런 자세는 건들거리는 것처럼 보여서 발표자의 발언에 대한 신뢰도마저 떨어뜨린다. 왠지 불안한 느낌이 들어서 편안하게 집중할 수 없게 만든다.

좌우 대칭성Symmetry을 유지하는 일은 매우 중요하다. 우리는 좌우 대칭이 이루어졌을 때 아름다움을 느끼는데 대칭이 무너지면, 즉 비대칭Asymmetry인 경우 가만히 두고 보지 못한다.

아름다운 건물은 모두 대칭이 맞는데, 사람도 마찬가지다. 실제로 뉴멕시코New Mexico 대학의 란디 손힐은 자료를 통해 남성의 신체 대칭성이 잘 맞을수록 여성에게 인기가 높다고 보고했다. 한쪽 입꼬리가 올라가 있다거나 한쪽 눈만 가늘다거나, 어떤 식으로든 대칭이 무너진 남성은 인기가 없다는 뜻이다. 역시 좌우 대칭을 유지하는 일은 중요하다.

현대인은 모두 체력이 약한 편인데 '똑바로 서 있지 못하는 사람'이 늘고 있다. 신체를 지탱하는 복근과 배근이 약해진 탓이다. 따라서 끊임없이 신체를 단련하는 게 좋고, 최소한 프레젠테이션 중에라도 올바른 자세로 똑바로 서서 좌우 대칭을 유지했으면 좋겠다. 그것만으로도 발표자의 매력은 확실히 향상된다.

평소에 사무실 업무가 많은 사람은 전철이나 버스에서 틈틈이 똑바로 서 있는 훈련을 하자. 창에 비친 자기 모습을 보면서 어깨가 수평을 이루고 있는지, 양쪽 다리에 균일하게 무게중심을 두고 있는지 등을 확인하면 된다.

똑바로 서는 일만큼은 자신 있다는 사람도 한번 거울에 비춰보자. 나도 스스로는 똑바로 선다고 생각했는데, 막상 거울에 비춰보니 오른쪽 어깨가 약간 올라가고 왼쪽 어깨가 내려가 있는 것을 발견했다. 곧바로 자세를 바르게 고치고 되도록 좌우 균형을 유지하려고 노력 중이다.

PRESENTATION 37

접대가 필요할 땐 선물 작전을 펼쳐라

일본에서는 전통적으로 부탁할 일이 있으면 상대에게 음식과 향응을 제공해왔다. 사회인이라면 누구나 금방 알아차렸을 것이다. 소위 말하는 '접대'다. 같은 접대라도 당연히 잘하고 못하고는 있다. 무조건 접대만 한다고 다가 아니다.

만약 접대에서 절대로 잊어서는 안 되는 '포인트 하나'만 꼽아달라는 질문을 받는다면, 나는 '선물을 마련하라'고 대답할 것이다. 비싼 요릿집이나 술집에 데려가는 것도 좋지만, 제일 중요한 부분은 상대에게 선물을 건네는 일이다.

왜 하필 선물일까? 클라이언트나 고객뿐 아니라 상대의 아내와 자녀들, 즉 가족까지도 대접하겠다는 의미가 되기 때문이다.

접대를 받는 사람 중에는 맛있는 음식을 먹고 비싼 술을 마시면서 좌불안석하는 경우가 꽤 있다. '나만 맛있는 것을 먹는다'는 생각에 집에 있는 가족들이 마음에 걸려서다.

그런데 접대를 받고 귀가하는 길에 선물을 받는다면 이야기는 달라진다. 선물을 받은 고객의 아내는 눈초리를 치켜세우지 않고 "○○씨는 예의가 바른 분이네요." 하며 칭찬할 테고, 접대한 사람의 주가는 수직 상승할 것이다.

더욱이 고객의 아내를 내 편으로 만들면 굳이 말로 하지 않아도 "○○씨 일이라면, 함께 해보는 게 어때요?"라고 지원사격을 해줄지도 모를 일이다. 이 얼마나 고마운 일인가!

만약 우연히 접대하는 상대의 휴대전화로 자택에서 전화가 걸려온다면 절호의 기회다. 잠시 전화를 바꿔달라고 하여 "저는 ○○입니다. 오늘 여러 가지로 도움을 받게 되어 제 고집으로 남편 분을 잠시 빌렸습니다." 정도의 인사말을 해두는 것이 좋다. 그러면 상대는 늦게 귀가해도 아내에게 잔소리를 덜 듣는다. 게다가 선물 작전을 펼치고 있으므로 당사자도 가족도 모두 즐거워할 것이다.

'상대'만 접대한다면 아직 초보자다. 접대의 달인은 '상대의 가족'까지도 배려한다. 선물은 비싸지 않아도 된다. 가족 모두가 먹을 수 있는 쿠

키나 아이스크림, 과일 정도면 충분하다. 선물을 들고 간다는 기분이 중요하므로 가격은 중요하지 않다. 심리학 실험 결과에 따르면, 쿠키만으로도 사람은 충분히 행복해진다. 선물 내용이나 가격에 집착하거나 염려하지 말고 즐거운 마음으로 골라보자.

PRESENTATION 38

뷰티 프리미엄!
외모도 경쟁력이다

흔히들 '치장할 시간에 내면을 갈고닦아라!' 하고 말한다. 물론 내면은 중요하다. 그러나 겉모습을 경시해서는 안 된다.

역시 인간은 '첫인상'이 중요하므로 기왕이면 매력적으로 보이는 게 좋다. 눈썹이 자라서 지저분해졌다면 가위로 정리를 하고, 연령에 따라 늘어가는 주름이나 기미에도 신경을 쓰는 등 매력적으로 보이려는 노력을 게을리해서는 안 된다.

독자 여러분은 외모가 매력적인 사람과 그렇지 않은 사람 중, 누구 이야기를 듣겠는가? 레스토랑에서는 어느 쪽에게 서비스를 하고 싶어 할까? 별다른 흑심이 없어도 역시 매력적인 사람이 낫지 않을까!

비즈니스에서도 겉모습과 매력은 중요하다. 하버드 대학 경제학부의 마크 모비우스는 '뷰티 프리미엄'의 중요성을 주창했다. 여기서 프리미엄이란 일종의 웃돈을 의미한다. 뷰티, 즉 미모가 있으면 자신의 평가에 보너스 점수가 붙는다는 이야기다.

모비우스에 따르면 얼굴 생김새만 좋아도 ①자신감이 넘쳐 보이고, ②클라이언트와 상사에게도 실력과 무관하게 유능하다고 평가받을 수 있으며, ③출세가 쉽고, ④대화를 잘한다고 판단되며, ⑤수입이 증가한다.

배우나 모델처럼 될 수는 없지만, 성심성의껏 자신을 매력적으로 보이게 하려는 마음가짐이 중요하다. '매력적으로 보이고 싶다!'라는 강한 의지만 있어도 노력을 마다하지 않기 때문이다.

"외모가 무슨 상관이람!"

"난 내면으로 승부를 걸겠어! 외모 따위는 상관없어."

이처럼 될 대로 되라는 식의 마음가짐을 가진 사람은 겉모습의 매력을 높이려는 노력을 하지 않는다. 그럴 필요성을 못 느끼기 때문이다. 이는 마치 '결혼했으니까 아무려면 어때!'라며 투실투실한 비만 체형이 되는 것과 비슷하다. 또 아줌마들이 화장을 잘 안 하는 것과도 비슷하다. 사람은 '아무렴 어때!'라고 포기하는 순간 아무 노력도 하지 않는다.

'공부하는 데 의미가 없다'고 생각하는 사람은 공부를 하겠다는 의욕이 생기지 않는다. 마찬가지로 '겉모습의 매력을 높이는 게 무슨 의미가 있지?'라고 반문하는 사람은 전혀 노력하지 않는다. 과연 그래도 될까?

'뷰티, 즉 미모에는 프리미엄이 있어서 다방면에서 보통 사람보다 득이 된다'고 생각을 바꿔보자. 그러면 겉모습에서 풍기는 매력을 높이려고 저절로 노력하게 된다.

직장에서 여자들에게 인기가 높은 남자 상사가 있다. 지시하는 방법이 뛰어나느냐 하면 그렇지도 않다. 꼼꼼하게 설명하느냐 하면 그것도 아니다. 하도 희한하여 여자들에게 "왜 모두 저 사람이 하는 말을 잘 들어주느냐?"고 물었더니 "저희 과장님은 섹시하고 멋있잖아요!"라는 게 아닌가? 한 방 먹은 기분이었다.

여자 중에는 자기 상사가 타부서 상사보다 '꽃미남'이라는 이유만으로도 일할 의욕이 생기고, 어떤 부탁이든 잘 들어주는 사람이 의외로 많다. 남자 역시 아름다운 여자 앞에서는 저절로 마음이 열리고 친절해지는 법이다.

PRESENTATION 39

작은 목소리는
마음을 움직이지 못한다

프레젠테이션에서는 무조건 '활기차게' 이야기해야 한다. 생기 없고 기력도 없는 사람이 하는 이야기에는 아무도 귀 기울이지 않는다. 에너지가 없으면 사람을 끌어들이는 매력도 약해진다.

프레젠테이션의 기본 중 기본은 '목소리'다. 목소리가 약해서는 사람의 마음을 움직이지 못한다. 허황된 소리라고 할지도 모르지만, 목소리의 크기는 매우 중요하다.

'공장재생의 고수' 혹은 '개선의 귀신'이라고 불리는 야마다 히토시山田日豋志 씨는 사원들에게 매일 아침 반드시 시키는 일이 있다. 바로 목소리를 내는 훈련이다. '의욕이 없는 사람은 안 된다!'는 뜻이리라.

내게도 다양한 업무 이야기가 날아드는데, 담당자를 실제로 만나보면 절로 한숨이 나올 만큼 패기가 없는 사람도 있다.

본격적인 이야기를 시작하지도 않았는데, "이런 기획을 바쁘신 선생님께서 과연 수락하실지……." 하며 내가 거절도 하기 전에 뒤로 빼는 사람도 있었다. 도대체 뭐하러 왔는지 알 길이 없다. 당연히 나는 거절한다. 기운이 없는 사람과는 일하고 싶지 않아서다.

설명을 잘하고 못하고의 차원이 아니라 기력이 없는 사람에게는 어떤 프레젠테이션을 시켜도 헛수고라고 생각한다. 조금 설명이 부족해도 활기가 넘치면 마음이 움직이게 마련이다. 활기가 없으면 아무리 설명을 잘해도 실패로 끝나고 만다.

매사추세츠 공과대학의 제럴드 컬한은 동성 2인조 56조를 짜서 서로에게 중간관리직과 부사장 역할을 맡겨 급여, 성과급, 유급일수 등을 교섭하는 모의실험을 실시했다. 이 실험을 통해, 교섭의 향방은 '시작하고 5분간 의욕을 보이는가에 따라 결정된다'는 결과를 얻었다.

컬한에 따르면, 원만한 대화 진행, 박자, 목소리의 크기, 억양의 높이 등에 따라 '의욕'에 대한 평가가 정해지며, 이러한 요소가 결여되어 있으면 '의욕이 없다'는 인상을 준다.

프레젠테이션을 시작할 때는 "여러분, 안녕하십니까! 지금부터 프레젠테이션을 시작하도록 하겠습니다!" 하고 밝게 시작하는 게 요령이다.

차분한 목소리로 "여러분, 처음 뵙겠습니다." 하며 말문을 열면 목소리가 낮아진다. 그래서는 넘치는 '의욕'을 청중에게 전달하지 못한다. 처음에는 되도록 목소리를 높여서 활기차게 시작하는 게 좋다.

재팬넷 다카다Japan Net Dakada의 다카다 아키라高田明 씨의 말투를 예로 들겠다. 그는 나가사키 사투리가 섞인 목소리로 언제나 활기차게 이야기한다. 다카다 씨의 인기 비결은 바로 그 '활기'에 있다. 다카다 씨는 때때로 지나치게 흥분해서 목소리가 이상해질 때도 있지만, 그 역시도 애교스럽다.

프레젠테이션에 서툰 사람은 고수냐, 하수냐를 신경 쓰기보다 우선은 '활기'에 매달려보자. 차분한 말투나 느릿한 어조 등은 익히지 않아도 되니까 활기차고 의욕 넘치게 다가가는 법을 익혔으면 좋겠다.

PRESENTATION 40

한여름에도 뜨거운 커피를 주문하라

찻집에서 업무 상담을 할 때는 아무리 여름이라도 아이스커피를 주문하는 일만은 피하자. 크게 상관없는 이야기일지도 모르지만, 프레젠테이션에는 연관이 있으므로 짚고 가려고 한다.

왜 아이스커피를 주문해서는 안 되는 걸까? 이유는 아이스커피를 주문하면 반드시 빨대가 딸려오기 때문이다. 빨대로 쪽쪽 소리를 내며 음료를 마시는 모습은 아무래도 철없어 보인다.

상대의 마음을 움직이려면 강인함이랄까, 위엄 있는 느낌을 주는 것도 필요하다. 아이보다 어른이 하는 말에 믿음이 가게 마련이다. 빨대로 커피를 마시면 '어른의 위엄'이 어디론가 날아가버린다.

뉴저지New Jersey 주에 있는 러트거스Rutgers 대학의 롤리 루드맨에 따르면, 남성스럽고 강인하게 행동하는 것이 여성스러울 때보다 면접에서 합격할 확률이 높고 업무처리 능력이 뛰어나다는 이미지를 준다.

빨대를 사용하면 긍정적인 이미지가 무너져버린다. 아무리 소소한 부분이라도 자신의 이미지에 찬물을 끼얹을 가능성이 있다면 제거하는 편이 좋다. 따라서 아이스커피가 아니라 따뜻한 커피를 주문해야 한다.

"○○씨, 날이 덥네요. 아이스커피로 하시죠?"라고 권하더라도 "아니요, 저는 커피 향을 좋아해서요. 따뜻한 커피로 하겠습니다."라고 대답하라. 따뜻한 커피는 빨대를 사용하지 않으므로 '어른의 위엄'을 풍길 수 있다.

어떤 회사를 방문하여 음료를 부탁할 때도 마찬가지다. 아무리 더워도 아이스커피만은 피한다. 빨대가 따라오는 아이스커피나 아이스녹차는 금물이다. "따뜻한 녹차로 부탁합니다." 혹은 "따뜻한 커피가 좋겠습니다."라고 대답하는 습관을 들인다.

음료는 대개 무의식적으로 주문하게 된다. 아이스커피를 습관적으로 주문하는 사람은 오늘부터 따뜻한 커피로 바꾸는 연습을 하자. 한번 입에 익으면 여름이든 겨울이든 음료를 주문할 때 '따뜻한 걸로'가 입에서 자연스럽게 튀어나올 것이다.

간혹 뜨거운 음식을 못 먹는 사람도 있을 것이다. 그러나 따뜻한 커피는 잠시 두면 저절로 식는다. 물론 차가운 음료를 마시더라도 빨대를 사용하지 않는다면 괜찮다. 유리잔에 직접 입을 대고 호탕하게 마신다면 그것도 어른스러워 보인다.

PRESENTATION 41

잠깐이라도
절대 시계를 보지 마라

1992년 미국 대통령 선거를 앞두고 이뤄진 텔레비전 토론 프로그램에서 있었던 일이다. 당시 출연자는 부시 대통령과 민주당 후보자 빌 클린턴이었다. 카메라는 부시 대통령이 안절부절못하며 손목시계를 보는 장면을 내보냈다. 찰나에 일어난 일이었지만, 이 순간 부시의 패배가 결정됐다고 지적하는 정치평론가가 꽤 있다.

손목시계를 흘끔흘끔 훔쳐본다는 것은 '얼른 가고 싶다' 혹은 '불편하다'는 사인으로 상대에게 비쳐진다. 사람을 만날 때는 여유를 갖고 상대와 함께하는 시간을 즐겨야 한다. 이때 손목시계를 쳐다보면 상대를 불쾌하게 만든다.

독자 여러분도 눈앞에 앉아 있는 사람이 수차례 손목시계를 흘끔거린다면 과연 기분이 좋을까? 마치 나를 업신여기는 듯한, 소중히 대하지 않는 것 같은 기분이 들 것이다.

프레젠테이션에서는 처음부터 손목시계를 풀어놓는 게 좋다. 중요한 사람을 만날 때도 마찬가지다. 나는 1시간 정도는 거의 정확하게 시간의 흐름을 파악할 줄 안다. 미리 연습을 해두었기 때문에 시계를 안 봐도 되므로 편리하다.

사람을 만날 때에도 휴대전화 착신음이 울리지 않도록 설정하여 가방 안에 넣어둔다. 간혹 테이블 위에 휴대전화를 올려놓고 흘끔거리며 쳐다보는 사람이 있다. 나는 그런 사람을 만나면 매우 불쾌해진다.

한창 이야기 중에 자기 휴대전화에 문자 메시지가 도착했는지, 전화가 걸려왔는지 흘깃거리는 사람이 있으면, 나는 이렇게 말하고 자리를 박차고 일어선다.

"지금, 당신 눈앞에 있는 나에게 집중하지 않는다면 더 이상 함께 있을 의미가 없습니다."

손목시계나 휴대전화를 보는 일은 '상대와의 시선을 회피'하겠다는 표현이다. 앞에서도 누누이 이야기했듯이, 모처럼 자리를 함께할 때는 상대의 눈을 바라봐야 하며, 손목시계나 휴대전화는 한순간이라도 절대 봐서는 안 된다.

"잠깐 확인하는 것도 문제가 됩니까?"라고 반문하는 사람도 있을지 모르겠다. 물론 안 된다. 본인은 눈치채지 못하도록 정말 잠깐 봤다고 여길지 모르지만, '시선을 회피했다'는 느낌을 받는 상대는 일순간일지라도 알아차린다.

미국 퍼듀Purdue 대학의 제임스 워스에 따르면, 얼굴이 정면을 향하고 있어도 시선을 피하면 사람은 '제외되었다'거나 '무시당했다'고 느끼며, 상대에 대해 부정적인 감정을 품게 된다고 한다.

시선을 피하지 마라. 본인은 그저 '시간을 확인했을 뿐'이지만, 시선을 회피당한 사람은 굉장히 기분이 나빠진다.

PRESENTATION 42

점성술사의 프레젠테이션은 어째서 성공적일까?

세상에는 점성술사, 영적 능력자 등 신비한 직업을 택한 사람들이 있다. 내 생각에는 그저 황당무계한 이야기 같은데, 상담하러 간 사람들은 그들의 말을 전적으로 신뢰한다. 최근에는 탤런트 나카지마 도모코中島知子 씨가 영적 능력자에게 세뇌당해서 상당한 돈을 갖다 바친 일이 매스컴에서 화제가 되었다.

이런 직업에 종사하는 사람들은 도대체 어떤 식으로 프레젠테이션을 하는 걸까? 프레젠테이션 능력이 대단히 교묘한 것일까? 아니면 그들을 찾아간 사람들이 모두 순한 양처럼 착해서일까?

몇몇 가지 이유를 생각해볼 수 있는데, 나는 그들이 수정구슬이나 부채 같은 그럴싸한 소도구를 들고, 그럴싸한 옷을 입고 있는 것 자체가 프레젠테이션을 성공으로 이끌었다고 생각한다. 즉, '무대 연출'이 뛰어난 것이다. 그럴싸한 '분위기'를 조성하여 상담자에게 자기 말을 전적으로 믿게 만드는 것이다.

이런 실험이 있다. 캘리포니아California 주립대학의 발리 싱거가 '크레이그'라는 마술사에게 보라색 옷에 샌들, 그리고 가슴에는 커다란 메달을 늘어뜨린 요상한 차림으로 학생들 앞에서 마술을 보이도록 했다. 그리고 한쪽에는 '마술사', 다른 한쪽에는 '영적 능력자'라고 소개했다.

마술쇼가 끝난 후, 영적 능력자라고 소개한 그룹의 77%가 진짜 초능력을 보았다고 대답했다. 또 마술사라고 소개한 그룹에서도 65%가 그를 초능력자라고 대답했다. 그럴싸한 차림에 그럴싸한 마술을 보여주면 속임수임을 알면서도 사람은 속고 마는 법이다.

우리는 현실에 있을 법한 일인지, 물리학 법칙과 모순되지는 않는지 따위는 크게 신경 쓰지 않는다. 그럴싸하게 차려입은 사람이 그럴싸하게 연기하면 믿어버리고 만다.

프레젠테이션도 마찬가지라서 청중은 내용이 논리정연한지, 확실한 근거가 있는지 일일이 따지지 않는다. 앞서 이야기한 대로 '프레젠테이션 내용'은 크게 상관없다. 훌륭한 무대를 갖추고 그럴듯하게 발표하면 누구나 그 나름대로 우수한 발표자가 될 수 있다.

히틀러는 연설 자체도 훌륭히 소화했지만 '무대 연출'에서 천부적인 재능을 발휘했다. 예를 들어, 서치라이트의 빛이 비추는 방향을 향하거나 칠흑 같은 어둠이 깔린 강당에서 혼자만 스포트라이트를 받으며 연설했고, 장대한 저녁노을을 배경으로 선드러지게 나타나는 수법을 사용했다. 그렇게 자신이 신성한 존재라도 되는 것처럼 연출을 한 후 프레젠테이션을 시작했다.

뛰어난 발표자는 연설 무대에도 신경 쓴다. 로널드 레이건 대통령은 동독에서 엎어지면 코 닿을 거리에 있는 브란덴부르크Brandenburg 문 앞에서 "베를린 장벽을 무너뜨려주시오(Tear down this wall)!"라고 목소리를 높였다. 마틴 루터 킹 목사는 링컨 기념관 앞에서 "나에겐 꿈이 있습니다(I have a dream)."라는 불후의 연설을 남겼다. 프레젠테이션을 할 장소도 중요하다는 뜻이다.

어떤 상황에서 어떤 차림으로 어떤 소도구를 사용하여 어떻게 프레젠테이션 할 것인가? 이것이 '무대 연출'이다. 다시 한번 강조하지만, 이것이 프레젠테이션 내용보다 훨씬 중요하다.

PRESENTATION 43

'서투른 프레젠테이션'도 성공할 수 있다

독자 여러분은 '프레젠테이션'이라는 단어를 들으면 어떤 생각이 드는가? 위풍도 당당한 발표자가 유창하게 상품을 설명하는 장면을 떠올리지 않을까?

횡설수설하며 허둥지둥 이야기하는 프레젠테이션은 당연히 실패한다고 생각할 것이다. 실제로는 '뛰어난 프레젠테이션'보다 '서툰 프레젠테이션'이 오히려 좋은 인상을 주는 경우가 적지 않다.

초짜나 다름없는 젊은이가 떨리는 목소리를 애써 가다듬으며 땀범벅이 되어 필사적으로 무언가를 호소하는 모습을 보면, 우리는 마음이 움직인다. 혹여 내용이 지리멸렬해도 악의가 담긴 질문을 던질 생각은 하지 않는다. 오히려 '조금 도와줄까?' 싶은 마음도 든다.

이것을 심리학에서는 '언더독 효과Underdog Effect'라고 부른다. 언더독은 물에 빠진 불쌍한 강아지를 가리킨다. 우리는 약자나 질 것 같은 사람을 보면 응원하고 싶어진다. '판관비희(判官贔屓, 헤이안 시대 무장인 미나모토 요시쓰네에게 품게 되는, 객관적인 시점이 결여된 동정이나 애석한 마음을 가리킨다. 주로 '약자에게 굳이 냉정하게 시비곡직 하려 들지 않고 동정한다'는 심리 현상을 가리킨다 – 옮긴이)'는 그야말로 언더독 효과의 정수다.

코넬Cornell 대학의 스테판 세시에 따르면 선거에서 열세인 후보에게 불가사의할 정도로 동정표가 몰린다. 그 결과 열세한 후보가 역전하는 경우도 있을 정도다.

프레젠테이션도 마찬가지다. 위풍당당한 발표자보다 빈말이라도 잘한다는 말이 나오지 않는 발표자의 제안을 받아들이는 경우가 종종 있다. 영업사원 중에서도 말이 어눌하여 프레젠테이션을 잘할 것 같지 않은 사람이 오히려 실적이 좋은 경우도 있다.

지나치게 당당한 발표자를 보면 우리는 흥미를 잃는다. '넉살도 좋다' 혹은 '주는 거 없이 싫다'는 반응이 나오기도 한다.

아마도 이 책을 손에 든 독자 여러분은 이렇게 생각할지 모르겠다.

'지금보다 훨씬 더 잘하고 싶다!'

'자신감 넘치는 프레젠테이션을 하고 싶다!'

'사람들 앞에서 추한 모습은 보이고 싶지 않다!'

실은 '딱해 보이는 프레젠테이션이라서 좋다'는 경우도 있다. 프레젠테이션 실력이 쌓이면 오히려 인상 면에서 점수가 깎일 위험성이 있다는 것도 참고하길 바란다.

베테랑 직원이 되면 고객을 대할 때도 실수 없이 대응하게 되는데, 저도 모르게 기계적인 태도를 보여 고객으로부터 불평을 사는 경우가 있다. 이런 점만 봐도 '신입'이라는 명찰을 달고 서툰 사람이 오히려 고객으로부터 호감을 사는 일이 비일비재하다.

PRESENTATION 44

상대가 입을 삐죽거리면 일단 멈춰라

상담이나 프레젠테이션 중에 상대가 입을 삐죽대는 경우가 있다. 안타깝지만, 상대가 이런 표정을 보인 순간 프레젠테이션은 실패다. 일단 어른스럽게 자리에서 물러나는 게 현명한 행동이다.

입을 삐죽댄다는 것은 '수락할 수 없다'는 신호다. 아기나 어린아이는 먹고 싶지 않은 음식을 먹이려고 하면 입을 꾹 다물고 저항한다. 이러한 습성은 어른이 되어도 사라지지 않고 남아 있어서, 마음에 들지 않는 상황을 접하면 무의식중에 입을 삐죽대는 표정을 짓는다. 프레젠테이션의 경우는 '당신의 제안을 받아들이지 못하겠다'는 신호다.

상대가 이런 표정을 지은 이상, 제아무리 밀어붙여도 프레젠테이션은 생각대로 진행되지 않을 것이다. 상대가 '삼키지 못하겠다'고 표정으로 말하고 있는 셈이니 말이다. 이런 경우에는 일단 프레젠테이션을 마무리하고 다른 날 다시 한번 시도하든가, 상대의 불만 사항을 찾아내어 해결하든가 방법은 둘 중 하나다.

FBI 조사관이었던 심리학자 조 내버로Joe Navarro도 상대가 입을 삐죽이는 표정을 보일 때는 '당신에게 반대한다'는 신호라고 설명한다. 우수한 발표자라면 상대의 이런 미묘한 반응을 놓치지 않는다.

"죄송합니다만, 제 제안 중 어디가 마음에 들지 않으십니까?"

"죄송합니다만, 납기 조건이 아무래도 힘드시겠습니까?"

"죄송합니다만, 좀 빠르게 설명드려서 이해하기 힘드셨습니까?"

이처럼 상대의 불만이 무엇인지 살펴야 한다. 제대로 찾아낸다면 그것을 해결하면 된다. 그러나 "아뇨, 아무것도."라면서 여전히 삐죽댈 것 같으면 더 이상 손쓸 방법이 없다.

대개 불만의 원인은 상대가 입을 삐죽이기 '직전'에 있는 경우가 많다. 예를 들어 당신이 가격 이야기를 꺼낸 순간, 상대가 아랫입술을 내밀었다면 가격이 마음에 들지 않는다는 뜻이다.

상대의 감정을 무시하면서 프레젠테이션을 진행해서는 안 된다. 상대가 '싫다'는 신호를 표정으로 보내고 있을 때는 일단 멈추고 어디에서 문제가 발생했는지 자문자답해본다.

ONE POINT TIP ④

능력자가 되고 싶다면 운동 습관을 들여라

독자 여러분에게 중요한 팁을 하나 더 소개한다. 프레젠테이션 기술을 운운하기 이전에 매일 팔굽혀펴기나 복근 운동, 조깅으로 체력을 단련하라는 것이다. 어떤 직종도 마찬가지다. '능력 없는 사람'의 공통점은 에너지 부족, 체력 부족이다.

한 조사에 따르면, 실패자 부류에 속하는 27명 중 24명은 누가 봐도 에너지 부족이 원인이었다. '능력 있는 사람'은 에너지가 넘쳐서 12시간 쭉 일을 하고도 운동을 즐기고 그림이나 독서 등 취미에 몰두할 정도로 에너지가 넘쳤다.

프레젠테이션도 생각 이상으로 체력이 필요하다. 나 역시 마음먹고 이야기를 시작하면 하루에 2kg은 빠진다. 한마디로 '프레젠테이션은 체력 승부'다. 에너지와 체력이 없으면 애초에 프레젠테이션이 불가능하다. 설령 가능했더라도 상대의 마음을 뜨겁게 달굴 만한 이야기는 하지 못한다. 체력이 없는 사람이 진행하는 프레젠테이션은 단순히 '입을 열고 말을 하다가' 끝날 뿐이다.

매일 조금씩 운동하는 습관을 들이면 어떨까? 조금씩 체력이 생기면서 마음에는 점점 심지와 같은 것이 생긴다. 이것이 자신감으로 이어지고, 자신감은 목소리와 표정에 나타난다. 게다가 운동하는 습관을 들이면 운동하지 않는 사람에 비해 '매력적인 사람'이라는 평가를 받는다.

캐나다 남동부에 있는 아카디아(Acadia) 대학의 심리학자 크리스토퍼 쉴즈에 따르면, 정기적으로 운동하는 사람은 그렇지 않은 사람에 비해 '매력적'이라는 평가를 받는다. 운동하는 습관을 들이면 프레젠테이션에 필요한 체력을 얻을 뿐 아니라, 발표자로서 매력도 넘치므로 그야말로 일석이조다.

또한 운동하는 습관은 사실이 그렇지 않더라도 건강하게 보일 뿐 아니라, 몸이 가벼워지고 일하기가 수월해지며 업무처리 능력도 향상된다. 그러면 일석이조가 아니라 일석삼조, 사조의 효과까지 얻을 수 있다.

배가 불룩 나왔어도 귀염성이 있으면 나름대로 인기가 있다. 그러나 그런 사람도 운동하여 살을 빼면 인기가 훨씬 올라간다. 자기평가가 올라가는 것이다. 운동하는 습관을 적극 추천하는 바이다.

PART. 5

성공한 프레젠테이션에는 그만한 이유가 있다

TATION

PRESENTATION 45

가장 '큰 주제'는 시작과 동시에 던져라

인간의 주의력은 시간이 지나면서 떨어진다. 집중력은 생각보다 길지 않다. 상대의 주의력은 프레젠테이션을 시작했을 때 가장 높고, 중반부로 갈수록 하강곡선을 그리다가 마지막에는 거의 아무 소리도 귀에 들어오지 않는다. 프레젠테이션 후반에 상대의 머릿속은 '얼른 끝나면 좋겠다!' '빨리 좀 가지!'로 꽉 찬다.

따라서 상대의 집중력이 가장 높을 때, 즉 프레젠테이션 시작 부분에 가장 임팩트 있는 '당신이 제일 전하고 싶은 내용'을 배치한다.

심리학에서는 가장 극적인 부분을 후반부에 구성하는 것을 '점층법', 도입부에 극적 효과를 노리는 구성을 '점강법'이라 부르는데, 프레젠테이션에서는 반드시 점강법을 선택해야 한다. 음악으로 말하면 노래가 시작하자마 후렴구가 터져 나오는 셈이다.

점강법이어야 하는 이유는 또 있다. 혹시 도중에 프레젠테이션을 마무리지어야 하는 상황이 오더라도 이미 전달할 내용은 다 전달했기에 당황스럽지 않다.

예를 들어, 한 영업사원이 고객에게 프레젠테이션을 하고 있었다. 갑자기 고객 휴대전화로 전화가 걸려오는 바람에 "죄송합니다. 급한 용무가 생겨서, 오늘은 이쯤에서 실례해야겠습니다."라며 급하게 자리를 뜨는 경우가 있다.

천천히 분위기를 잡아가는 점층법식 프레젠테이션이었다면, 아마도 꼬리 잘린 잠자리처럼 억지로 끝내야만 한다. 이래서는 프레젠테이션이 성공할 리 없다.

"거두절미하고, 본 주제를 시작하겠습니다!"라는 식으로 프레젠테이션을 해두면, 전달하고 싶은 내용만큼은 확실히 전할 수 있다. 자신이 구상한 제안이나 기획의 수락 여부는 상대에게 달려 있으므로 결과는 알 수 없다. 그러나 적어도 강제로 마무리된 프레젠테이션보다는 훨씬 나은 결과를 얻게 될 것이다.

자신이 전하고 싶은 내용은 얼른얼른 전달하고 그래도 시간이 남는다면 세상 사는 이야기로 화기애애한 분위기를 연출하는 것도 좋은 방법이다. 만일 상대가 당신을 위해 1시간을 내주었다면, 30분 안에 프레젠테이션을 끝내고 남은 20분은 세상 사는 이야기를 하고, 마지막 10분 동안 마무리 인사를 하는 게 제일 무난하다.

상대가 1시간을 내주었다고 해서 '1시간을 꼭꼭 채워서 프레젠테이션 하겠다'는 생각은 좋은 방법이 아니다. '시작하고 30분 안에 승부를 내겠다'는 마음가짐을 갖는 것이 질적으로도 뛰어난 프레젠테이션이 될 것이다.

참고로, 결론 부분을 도입부에서 터트리면 상대도 채택 여부를 판단하기 쉬워진다. 만일 당신의 제안을 수락하지 않을 생각이라면 즉석에서 거절할 테고, 아무 소용 없는 프레젠테이션을 하느라 시간을 허비할 필요도 없어진다. "아, 그런 제안이라면 저희 쪽에서는 힘들겠습니다." 하고 상대가 초반부에 의견을 제시해주면, 발표자도 시간과 수고를 덜 수 있으므로 서로에게 이익이 된다.

PRESENTATION 46

프레젠테이션 원고는 들고 들어가지 마라

프레젠테이션을 모두 애드리브로 진행하려는 생각은 매우 위험하다. 미리 대략적인 구성을 세워두고 전달해야 할 내용은 꼼꼼하게 글로 적어두어야 프레젠테이션이 원만하게 진행된다.

그러나 국회의원이 국회에서 원고를 통째로 읽는 것 같은 프레젠테이션만큼은 절대로 피해야 한다. 그런 원고는 프레젠테이션 장소로 갖고 들어가지 말아야 한다. 손 안에 원고가 있으면 아무래도 눈길이 원고로 향하기 때문이다.

프레젠테이션은 모름지기 상대의 눈을 보면서 진행해야 한다. 만일 자료를 읽고 끝내는 프레젠테이션이라면 굳이 상대를 만날 필요가 없다. 해당 자료를 상대에게 보내어 읽어보고 판단하라고 하면 그만이다. 바쁜 와중에 시간을 내어 상대와 얼굴을 마주하는 프레젠테이션 자리에서는 시종일관 눈을 마주치며 이야기해야 한다.

서로의 눈을 보고 이야기하면 친밀감이 높아지고 호감을 갖게 된다. 시선을 피하거나 원고만 읽는다면 모처럼 생긴 시선 교환의 기회를 잃게 된다. 따라서 애초에 원고를 갖고 들어가지 말라는 것이다.

만약 프레젠테이션 원고를 작성했다면 첫 1분간 이야기할 내용은 통째로 외운다. 프레젠테이션을 시작할 때는 누구나 긴장되는 법이지만, 첫 1분만 무사히 넘기면 그 기세를 몰아 끝까지 실수 없이 진행할 수 있다.

출발부터 더듬대면 사람은 일종의 패닉 상태에 빠진다. 머릿속이 새하얘지면서 점점 횡설수설하게 되고 돌이킬 수 없는 상황에까지 이르게 된다. 첫 1분만 매끄럽게 출발한다면, 이 기세를 타고 구상했던 대로 프레젠테이션을 마칠 수 있다. 특히 중요한 첫 1분을 위해서 해당 부분 원고를 통째로 암기해두는 게 중요하다.

나는 어떤 상황이든 사람 앞에 서면 당당하게 이야기할 수 있는데, 이는 내 성격이 대담해서가 아니다. 그때그때 활용할 수 있도록 나름대로 정해둔 형식이 여럿 있고, 해당 원고를 통째로 외우고 있기 때문이다. 참고로 나는 지금 당장이라도 결혼식 인사말이 가능하다. 왜냐하면 결혼식

용 원고를 작성한 적이 있는데, 아직도 머릿속에 남아 있기 때문이다.

프레젠테이션 첫 1분과 더불어 마지막 1분에 해당하는 원고도 통째로 외워두면 좋다. 마지막을 간결하게 정리하여 마무리하면 깔끔하다는 인상을 남길 수 있다. 중반부까지는 훌륭했다가 마지막 순간에 "그러니까…… 그게, 다음은……, 예에, 이것으로 마치겠습니다."와 같이 어정쩡하게 마무리하기보다는 자신만의 마무리 방식을 마련해두어 유종의 미를 거두도록 한다.

PRESENTATION 47

마음이 안정될 때까지
'특정 인물'을 보며 이야기하라

사람들 앞에서 프레젠테이션을 하려면 누구나 긴장된다. 발표자는 단 한 사람이지만, 상대는 대개 여러 명이기 때문이다. 많은 눈들이 자신을 지켜본다고 생각해보라. 얼마나 긴장되겠는가!

옥스퍼드Oxford 대학의 브리지트 브라이언트는 혼자 낯선 가게에 들어가기, 이성과 외출하기 등 일반적으로 사람들이 당황하거나 갈팡질팡하게 되는 30가지 상황을 조사했다. 그 결과 우리가 가장 긴장하는 상황은 '타인의 시선이 느껴질 때'였다. 브라이언트에 따르면, 남성 31%, 여성 46%가 '다른 사람이 나를 지켜볼 때'에 당혹감을 느꼈다.

어느 누구도 다른 사람이 쳐다보면 어리둥절하게 마련이다. 더욱이 일대일이라면 모를까. 프레젠테이션의 경우 발표자를 바라보는 눈은 굉장히 많다. 청중이 10명이라면 '일대십' 승부에 나서는 것이나 다름없으니 발표자가 압도적으로 불리한 입장이다.

이때 추천하는 방법은 '특정인'을 향해서 프레젠테이션 하는 것이다. 프레젠테이션을 시작하여 마음이 진정될 때까지 어떤 한 사람을 정해 놓고 그 사람에게만 미소 지으며 이야기하면 된다. 그러면 '일대십'이어야 하는 승부를 '일대일' 상황으로 만들 수 있고, 그만큼 긴장하지 않아도 된다.

나 같은 경우는 잠시 제일 앞줄에 앉은 한 청중에게만 말을 거는데, 그 순간만큼은 일대일 관계가 되므로 다소 긴장이 풀린다. 그리고 점차 긴장이 풀어졌다는 느낌이 들면 시선을 옮겨 뒤쪽에 앉은 사람을 보면서 이야기한다. 이때도 역시 '일대일'이라는 마음으로 '이 사람이 고개를 끄덕이며 웃어줄 때까지 이 사람하고만 말하자' 하고 속으로 다짐한다. 그러다가 긴장이 완전히 풀리면 전체를 바라보는 심리적 여유가 생긴다. 이때부터 시선을 천천히 전체로 옮겨가면 된다.

프레젠테이션을 시작할 때부터 전체를 둘러보면 웬만한 강심장이 아니고서야 한순간에 압도되어 말문이 막히고 만다. 따라서 잠시 누군가 한 사람에게 집중하여 프레젠테이션을 시작하자는 것이다.

내 경험에 미루어보면, 상대가 2~3명일 때는 거의 긴장하지 않고 이야기가 술술 나오지만, 10명을 넘기는 순간 극도로 긴장하게 된다. 따라서 참가자가 10명이 넘는 프레젠테이션에서는 시작부터 전체를 둘러보지 말고, 어느 한 사람의 얼굴을 바라보면서 마치 '일대일' 상황인 것처럼 분위기를 조성하면 말하기가 한결 수월해진다.

눈이 마주쳤을 때 나를 향해 미소 지어주는 사람을 찾아 그를 보면서 프레젠테이션을 진행하면 된다. 눈이 마주쳤을 때 웃어주는 사람은 여러분에게 호감을 느끼는, 적어도 적대심은 없는 사람이다. 그런 사람과 일대일로 이야기하다 보면, 어느새 긴장감이 다소 풀리면서 서서히 평소의 자연스런 모습이 나오게 된다.

PRESENTATION 48

'긴장하지 않는' 프레젠테이션은 없다

"누구 앞에서든 두려워하지 않고 당당하게 이야기할 수 있으면 얼마나 좋을까?"

"긴장하지 않고 편안하게 이야기하고 싶다!"

아마 독자 여러분도 이렇게 생각할 것이다. 하지만 이런 기대는 애초에 포기하라. 아무리 현장 경험이 많아도 긴장과 불안이 사라지는 일은 거의 없기 때문이다.

나는 사람 앞에서 이야기할 때마다 긴장한다. 청중 앞에 서야 하는 날이면 예외 없이 설사를 할 정도다. 세상에는 '손톱만큼도 긴장하지 않는다'는 부럽기 짝이 없는 사람도 있겠지만, 그래봐야 백만 명 중 한 명 정도일 것이다.

누구나 타인의 시선이 느껴지면 긴장하게 마련이다. 그렇다면 어쩔 수 없지 않느냐며 체념하는 게 차라리 낫다. 왕년에 유명했던 피아니스트 파데레프스키는 50년 넘게 콘서트를 해냈지만, 언제나 무대에 설 때는 공포심에 사로잡혔다고 한다.

"프레젠테이션이 익숙해지면 긴장감도 어느 정도 누그러든다."

이렇게 속 편한 소리를 여러분에게 하는 사람이 있을지도 모른다. 하지만 나는 그렇지 않다. 여러분에게서 '긴장이 사라지는 날'은 결코 오지 않는다. '언젠가는 편해지겠지'라는 기대는 접으시라.

파데레프스키처럼 50년이 지나도 무대에만 오르면 긴장하는 것이 보통 사람 아닐까?

사실 '긴장'은 결코 부정적인 감정이 아님을 기억해두길 바란다. 긴장한 상태에서는 심장이 두근거리는데, 이러한 상태에서 좋은 성과가 나기도 한다. 긴장이 흥분으로 바뀌면서 평소에는 볼 수 없었던 힘이 솟아나는 것이다.

최고의 성과를 올리는 것을 '피크 퍼포먼스Peak Performance'라고 하는데, '어느 정도의 긴장감'은 필요한 것이다. '긴장감'이 있기에 자신의 잠재능력을 이끌어낼 수 있는 것이다. 전혀 긴장하지 않는다면 힘도 나오지 않는다.

긴장은 해도 된다. 아니, 오히려 긴장하기 때문에 최고의 프레젠테이션을 할 수 있다. 그러니 긴장했더라도 '자, 슬슬 몸이 설레는군. 이제 내 최고의 모습이 나타날 거야!'라며 스스로를 안심시켜 보자.

PRESENTATION 49

일부러 웃기려다
낭패 보기 쉽다

여러분은 혹시 프레젠테이션에서 청중을 웃겨야 한다는 강박관념에 사로잡혀 있는가? 이는 착각이다. 프레젠테이션이란 웃겨야 성공하고, 못 웃기면 실패하는 게 아니다. 그만큼 단순한 문제가 아니라는 뜻이다.

어떤 상황에서든 자연스러움이 최우선이다. 언제나 주변을 웃게 만드는 사람이라면 프레젠테이션 중에 농담을 섞어가며 청중을 즐겁게 만드는 것도 좋다. 하지만 성실 하나로 살아온 사람은 억지로 웃음을 자아내려다가 그 노력이 실패로 돌아가면 당황하여 패닉에 빠질 게 불 보듯 뻔하다.

가령 강연에서 청중을 웃기려고 이런 농담을 꺼냈다고 가정해보자.

"실은요, 여러분. 제가 전생에 모기나 파리였나 봅니다. 긴장에 매우 약하답니다."

이때 청중이 웃어준다면 다행이지만, 순식간에 분위기가 싸늘해지기도 한다. 농담이 받아들여지지 않으면 어지간히 대담한 발표자가 아닌 이상 동요하게 되고, 남은 프레젠테이션마저 생각대로 진행되지 않는다. 불필요한 농담을 하지 않았다면 무난하게 프레젠테이션을 마칠 수 있었을 텐데, 자승자박하는 악수惡手를 둔 꼴이 되고 말았다. 안타까울 따름이다.

웃음이 있으면 좋겠지만, 이는 어디까지나 부수적인 문제에 지나지 않는다. 여러분은 만담꾼이나 코미디언이 아니므로 '웃기기'에 매달리기보다 본론인 프레젠테이션에 신경을 써야 한다.

샌디에이고San Diego 주립대학의 로버트 카프란은 대학생 508명을 두 그룹으로 나누고 첫 번째 그룹에는 유머가 섞인 비디오 강의를, 두 번째 그룹에게는 내용은 같되 유머가 전혀 없는 비디오 강의를 보게 했다. 그로부터 6주 뒤에 조사해보니, 유머가 섞인 비디오 강의를 본 학생이 내용을 또렷이 기억하고 있었다.

그 밖에도 심리학에서는 유머가 섞인 설명이 효과가 크다는 결과를 얻은 실험이 많다. 하지만 웃음이나 유머라는 요소는 '있어서 나쁠 것은 없다'는 정도이지, 위험을 무릅쓰고 감행할 정도로 중요한 것은 아니다. 억지로 웃기려다가 크게 낭패를 보느니, 자신에게 어울리는 '무난한 프레젠테이션'에 정성을 쏟는 게 현명하다.

PRESENTATION 50

실제 상황과 비슷한 환경에서 연습하라

연극이나 무대에 오르는 사람들은 마무리 단계에서 본방 때와 똑같은 의상을 입고 최종연습을 치르는데, 이를 '드레스 리허설'이라고 한다. 이는 의상과 몸의 움직임이 잘 맞는지 확인할 뿐 아니라 심리적으로 안정을 찾는 데도 효과가 있다.

사람들에게 프레젠테이션을 하기 전에 '리허설을 하라'고 하면, 집에서 적당히 때우려고 한다. 그러나 어차피 하기로 작정한 리허설이라면 편안한 옷보다는 양복을 차려입고 연습하기를 권한다. 그래야 본방에서도 힘을 발휘할 수 있기 때문이다.

차림새뿐 아니라 장소도 되도록이면 프레젠테이션을 하기로 한 곳에서 리허설을 하는 게 좋다. 사내에 빈 회의실을 사용하거나 다른 회의실을 빌리는 등 연습할 장소를 찾아본다.

크게 마음먹고 열심히 리허설을 했지만, 실제 상황과 동떨어져 있다면 큰 효과는 기대할 수 없다. 비슷한 상황에서 연습해야 실제 상황에서도 효과가 발휘된다. 심리학을 배운 사람 입장에서 보면 당연한 일이지만, 일반 사람들은 대개 잊어버린다. '땅 짚고 헤엄치기'라는 말이 있다. 아무리 바닥에 누워 수영을 잘했대도 막상 물에 들어가면 앞으로 나아가지 못한다.

영국의 배드리라는 심리학자가 실시한 실험에 따르면, 물속에서 암기한 단어는 물속에서, 지상에서 암기한 단어는 지상에서 시험을 봐야 좋은 점수를 얻는다. 또 술에 취했을 때 학습한 것은 역시 취중에 기억이 잘 난다는 점을 확인한 심리학자도 있다.

리허설은 되도록 실제 상황과 가장 비슷한 형태로 실시한다. 관객이나 청중이 있으면 더욱 좋겠지만, 불가능하다면 최소한 장소만이라도 비슷하게 꾸민다.

본방에서 프레젠테이션을 무사히 마치려면 실제 상황과 얼마나 비슷하게 리허설을 했느냐에 크게 좌우된다. 집에서 티셔츠에 반바지 차림으로 소파에 뒹굴거리며 프레젠테이션 원고를 읽은들 연습 효과는 기대할 수 없다.

프레젠테이션 관련 서적에는 대개 '리허설을 하라'고는 적혀 있는데, 단순히 리허설만 한다고 다가 아니다. '실제 상황과 비슷한 조건'에서 리허설을 해야 의미가 있다.

PRESENTATION 51

마음속으로 '나는 최고의 발표자' 라고 외쳐라

프레젠테이션이 끝나면 발표자에게 청중이 몰려들어서 "정말 수고하셨습니다!" "저도 의욕이 생겼습니다!" "정말 많은 참고가 되었습니다!" 하며 칭찬할 때가 있다. 그런데 정작 발표자의 얼굴은 썩 기쁜 표정이 아닌 경우가 많다. 아마도 청중들이 인사치레를 할 뿐이라고 생각하는 듯하다.

독자 여러분도 이런 경험을 한 적이 있는가? 대부분의 사람은 자신의 스피치가 끝나고 여러 사람이 칭찬을 하는데도 '그렇지 않다'고 부정하는 마음이 생긴다. 발표자의 자기평가와 그것을 들은 사람이 내린 타자평가가 때때로 어긋나기 때문이다.

가령 객관적인 잣대로 봤을 때, 여러분의 프레젠테이션 능력이 70점이라고 가정해보자. 그런데 본인이 내린 점수는 40점인 경우가 적지 않다. 더욱 낮게 20점밖에 되지 않는다고 평가하는 사람도 있다.

여러분의 프레젠테이션 능력은 실제로는 더 뛰어나다. 지나치게 비굴해지거나 자기혐오감에 빠질 필요가 없다.

런던London 대학의 에이드리안 펀햄은 23~29세 은행원 250명에게 자신의 지능을 추정하게 한 다음, 실제로 지능 테스트를 받아보게 했다. 그 결과 참가자 거의 대부분이 자신의 지능을 과소평가했다는 점이 밝혀졌다.

똑같은 결과를 나도 얻은 적이 있다. 프레젠테이션 발표자에게 자신의 프레젠테이션 능력에 점수를 매기게 하고, 청중들에게도 발표자에게 점수를 매기도록 했더니, 발표자의 90%는 자기 능력을 과소평가했다.

여러분의 실제 능력은 생각보다 훨씬 뛰어나다. 그러므로 조금 더 프레젠테이션에 자신감을 가져도 된다. 지나친 자기사랑도 문제지만, 약간 자만하는 정도는 오히려 도움이 된다.

이탈리아의 정신의학자 파우스트 마나라는 실제로는 매인데 병아리라고 생각하는 사람이 많다고 지적했다. 나도 실은 같은 생각이다. '프레젠테이션 능력 부족', '프레젠테이션만 하면 실수투성이'라고 생각하는 학생의 프레젠테이션을 관찰해보면 꽤 잘 해내는 경우가 많다.

이런 학생일수록 '충분히 잘했다'는 내 솔직한 평가를 믿어주지 않는다. 사실은 매인데도 '병아리 의식'에서 빠져나오지 못했기 때문이다. 물론 나쁘다는 뜻은 아니다. 그러나 조금 더 자신감을 가져보면 어떨까?
　나 역시 프레젠테이션을 잘한다고는 못하지만, 최근 들어 자기평가를 조금 올리기로 했다. 사실 우리는 자기 생각보다 꽤 '잘하는 사람들'이다.

PRESENTATION 52

상대와의 '연관성'을 찾아
호기심을 자극하라

프레젠테이션을 듣고 있노라면 도통 무슨 소리인지 이해가 안 될 때가 있다. 특히 '나와 연관성이 없는 이야기'인 경우에 그렇다. 사람은 자신과 무관한 이야기에는 기본적으로 호기심을 갖지 않기 때문이다.

예를 들어 '남자는 절대 화장을 하면 안 된다'는 투철한 신념을 가진 사람에게 남성화장품에 대해 아무리 열렬히 설명해도 '글쎄' 하며 고개를 갸웃거릴 뿐이다. 상대와의 '연관성'이 없기 때문이다.

혹은 사진 촬영이 취미는커녕 관심조차 없는 사람에게 디지털카메라를 팔려고 한들 팔릴까? '내가 사진을 찍어야 하는 장면'을 제대로 떠올리지 못하기 때문에 갖고 싶지도 않고 필요하지도 않을 것이다.

이런 경우에는 상품을 팔려고 들기 전에, 상대와 '연관성'이 깊은 이야기를 해야 한다. 정확히 짚어낸다면 상품에 관심을 갖게 될지 모른다.

프레젠테이션 능력이 부족한 사람은 듣는 이와의 연관성을 찾는 일도 어설프다. 이 상품과 서비스가 상대에게 얼마나 의미가 있는지, 어떤 효용이 있는지를 연관 짓지 못하면, 상대는 이야기를 끝까지 들어주지 않는다. '연관성 찾기'는 매우 중요한 기술이다.

펜실베이니아 대학의 샐리 던롭은 평균 38세인 흡연자 121명에게 금연 비디오를 보여주었다. '비참한 결과가 나에게도 일어날 수 있다'고 자신과 연관 지으며 비디오를 본 사람은 이후 금연하겠다는 의지가 강해졌다. 반대로 '나랑 상관없는 일'이라고 일축한 사람은 금연할 마음이 조금도 생기지 않았다.

내켜하지 않는 고객과 청중의 마음을 빼앗으려면 연관성 찾기를 도입해보자. 상대가 '그런 일도 있구나!' 하며 공감할 만한 에피소드나 화제를 끄집어내며 연관성을 만들어간다. 그다음에 상품과 서비스 판매를 위한 프레젠테이션을 자연스럽게 이어가면 된다.

설령 사진 찍기를 싫어하는 사람에게 디지털카메라를 팔아야 할 때는 이렇게 이야기해본다.

"보고서 대신에 디지털카메라를 사용하셔도 됩니다. 말로 설명하거나 보고서 쓰기가 귀찮을 때, '현장 상황은 이랬다'며 찍은 사진을 상사에게 보이면 그걸로 끝입니다. 이렇게 간단한 방법이 또 있을까요? 편리하죠?"

어떤 상품이건 서비스이건 간에 마음만 먹으면 억지로든 강제로든 누구와도 연관 지을 수 있다. 어쨌든 상대와의 연관성을 찾아놓아야 이야기에 귀를 기울여준다.

PRESENTATION 53

전달할 주제는 적을수록, 이야기는 반복할수록 좋다

프레젠테이션에서 주장하고 싶은 요소는 적을수록 좋다. 만약 10가지 주제를 전달하고 싶다면 1~2개 정도로 줄이는 게 좋다.

10가지 이야기를 1번씩 들려주기보다는 1가지 이야기를 10번, 혹은 2가지 이야기를 5번 반복하는 편이 상대의 이해를 돕는다.

수많은 정보를 꾹꾹 눌러 담아놓아도 상대가 이해하지 못한다면 설득 효과도 낮다. 따라서 전달할 정보는 줄이고 또 줄여서 핵심 사항 이외에는 전부 솎아내도록 한다. 중요한 요소를 반복해서 이야기해야지, 불필요한 요소를 덧붙일수록 프레젠테이션은 실패를 향해 나아간다.

프레젠테이션에서 누구나 알기 쉽게 설명하는 사람은 대개 같은 이야기를 몇 번이고 반복한다.

"다시 한번 말씀드립니다. 중요한 것은⋯⋯."

"제가 걱정이 많은 사람입니다. 다시 한번 반복하겠습니다. 오늘 강의의 주제는⋯⋯."

"참 끈질기구나 하고 여기실지도 모르겠습니다만, 제가 좀 질깁니다(웃음). 마지막으로 다시 한번 같은 말씀을 드리겠습니다. 즉, ⋯⋯."

이처럼 프레젠테이션 내내 같은 이야기를 여러 차례 반복한다. 같은 이야기를 반복하면 벽창호 같은 사람에게도 여러분이 전하고 싶은 이야기가 전달된다. 왜냐하면 그거 말고는 전할 내용이 없기 때문이다.

불필요한 정보를 담다 보니 말이 길어지고 이해하기 어려워지는 것이다. 처음부터 한 가지에 초점을 맞추면 당연히 이해하기가 수월해진다.

"단 한 번만 이야기해도 상대는 이해할 것이다."

"한 번만 말하면 충분해."

이러한 생각은 위험하다. 상대가 몸서리치든 말든 걱정할 바가 아니다. '이해하지 못했다'는 사실이 최악의 상황일 뿐 몸서리칠 때까지 같은 이야기를 반복할 수 있었다면 그 역시 잘한 일이다.

상대는 단 한 번의 이야기로 이해해주지 않는다. 상대가 머리회전이 빠른 사람이라도 마찬가지다. 같은 이야기를 여러 차례 반복해야 상대의 마음에 깊이 파고드는 것이다. 한 번만으로는 부족하다.

캘리포니아 대학의 웨즐리 문즈에 따르면 같은 내용의 이야기를 한 번만 들려주었을 때보다 두 번 이상 들려주었을 때 설득의 효과가 높았다. 문즈의 실험에서는 두 번까지였지만, 같은 이야기를 세 번, 네 번 반복한다는 조건을 더했다면 설득 효과는 더욱 높아졌을 것이다.

프레젠테이션 자료를 작성하다 보면 열심히 자료를 조사할수록 '저것'도 '이것'도 넣고 싶어진다. 그러나 애써 조사한 자료라도 불필요하다고 판단되면 단칼에 잘라버리는 것이 성공적인 프레젠테이션으로 가는 지름길이다.

자료를 실을 때도 마찬가지다. 예를 들어 '주요공업국 10개국 통계자료'를 그대로 실으면 너무 복잡하므로 3개국 정도로 범위를 좁히면 보기도 매우 편하다. 정보는 짜낼 만큼 짜내야 한다는 것을 명심하라.

PRESENTATION 54

제목은 누가 봐도 알기 쉬운 '문장형'으로 지어라

자료와 슬라이드를 작성할 때, 가장 중요한 부분은 제목이다. 그런데도 제목에 크게 신경 쓰지 않는 사람이 많은 것은 왜일까? 이해가 되지 않는다.

'상품 특성'이나 '시장 배경'처럼 어디 한 군데 특이한 곳 없는 제목을 붙이는 사람이 너무 많은데, 조금만 더 지혜를 짜냈으면 좋겠다.

제목을 붙일 때는 잡지를 참고하라. 잡지 편집자는 독자의 호기심을 이끌어내기 위해 지혜란 지혜는 모두 쥐어짜 낸다. 프레젠테이션 자료를 작성할 때 여러분도 그만큼 매달려야 한다.

제목을 처음 본 순간 그 내용이 모두 투영되어 보이는 것이 가장 좋다. 개인적으로는 문장성분이 골고루 갖춰진 '문장형' 제목이 가장 알아보기 쉬웠다. 약간 설명조가 될지 모르지만, 제목은 길어도 크게 무리는 없다. 제목은 무조건 이해하기 쉬워야 한다.

앞서 예로 든 '상품 특성'은 '본 상품의 특징은 뭐니 뭐니 해도 ○○입니다!'로, '시장 배경'의 경우는 '시장은 고가격전략으로 승리한다!'는 제목으로 바꾸는 게 낫다.

같은 통계자료를 사용하더라도 제목이 '2012년 △△통계'는 무미건조하여 일말의 호기심도 생기지 않는다. 이 대목에서는 과감하게 '작년에 비해 판매실적 두 배!'라는 제목을 붙여야 한다.

상품 특성이나 시장 배경이라고 하면 도무지 무슨 내용인지 예상하기 힘들다. 제목을 보기만 해도 '아, 이 발표자는 이런 이야기를 하려는구나!' 하고 대략적인 내용이 그려져야 한다.

책 제목도 마찬가지로 나는 알기 쉬운 제목을 붙인 책을 좋아한다. '갈수록 영업 능력이 향상되는 책'이라는 제목은 어떤 내용인지 확실하게 눈에 들어오지 않지만, '굽실굽실 영업은 이제 안녕!'이라는 제목과 비교해보면 후자가 훨씬 이해가 빠르다. 개개인의 취향이 다르니 이것이 옳다고 딱 꼬집어 이야기할 수는 없지만 말이다.

일리노이 대학의 스튜어트 존스는 어느 정도 내용이 예상되어야 호기심이 생긴다고 지적한다. 내용이 뭔지 알쏭달쏭한 것보다 '아, 그렇구나!

그런 이야기구나!' 할 정도의 제목을 붙여서 미리 암시하는 편이 상대의 호기심을 이끌어내는 데 효과적이다.

  나는 지하철을 탈 때면 수많은 내부광고 중에서 잡지 제목 읽기를 특히 좋아한다. 그때마다 제목을 얼마나 훌륭하게 붙였는지 감탄사가 절로 나온다. 프레젠테이션 제목에도 참고가 되므로 독자 여러분도 잡지 제목에서 제목에 대한 감각을 익히길 바란다.

PRESENTATION 55

끝까지 집중할 수 있도록 속도감 있게 전개하라

인간이 한 주제에 집중할 수 있는 시간은 과연 얼마나 될까? 대략 1시간에서 90분 정도를 생각할 것이다. 하지만 모두 틀렸다. 인간의 집중력은 그보다 훨씬 짧다.

《최고의 프레젠테이션(How to Create and Deliver a Dynamic Presentation)》의 저자인 더그 말로프Doug Malouf에 따르면 인간의 집중력은 기껏해야 7분이다. 인간은 흔히 생각하는 것처럼 오래 집중하지 못한다.

그렇다면 어떻게 해야 상대의 집중력을 유지시킬 수 있을까? 7분 간격으로 다른 화제를 꺼내거나 주제를 바꾸어서 청중의 관점을 바꾸면 된다. 그러면 지루해하지 않고 이야기를 들어준다.

말로프는 '진행이 늦다'보다는 '좀 빠르다'는 평을 들으라고 조언한다.

나 역시 그의 의견에 동의한다. 프레젠테이션은 처음부터 성큼성큼 나아가는 편이 씩씩해 보이기 때문이다.

나는 대학에서 강의할 때도 학생들이 쫓아오기 벅찰 정도로 진도를 빠르게 나간다. 필기도 할 수 없을 정도의 속도라서 학생들로부터 자주 불평이 터져 나오곤 하지만, 방법을 바꿀 마음은 전혀 없다.

강의를 빠르게 전개하면 학생들은 '깜빡하는 사이에 중요한 이야기를 놓칠지도 몰라' 하면서 긴장하게 되고, 끝까지 집중하며 진지하게 강의에 임한다. 적절한 긴장감까지 만들어주는, 살짝 숨이 찰 정도의 빠른 진행에 신경을 쓰도록 한다.

상대의 이해를 돕기 위해 천천히 곱씹어가며 이야기하는 방법은 어떨까? 아마도 프레젠테이션이 예정 시간보다 길어져서 청중은 지쳐갈 것이다.

'천천히 설명하자!'는 마음가짐은 상대에 대한 배려로 기특하기 그지없지만, 이런 자세로 프레젠테이션에 임한다면 청중은 지루하다 못해 지겨워할 것이다.

실제 프레젠테이션에서는 상대가 쫓아올 듯 말 듯 할 정도로 아슬아슬한 선을 유지해가며, 빠르게 전개해나간다. 그 정도는 되어야 청중도 지치지 않는 법이다.

나는 학생들이 미처 필기를 다 마치지 못했어도 "다음으로 넘어갑니다." 하며 기다려주지 않는다. 대략적으로 4분의 3 정도가 따라올 수 있는 속도가 좋다. 절반 정도라면 너무 빨라서 문제가 되지만, 4분의 3 정도라면 큰 무리는 없다.

미처 따라오지 못한 사람이나 필기를 놓친 사람은 프레젠테이션이 끝난 후에 발표자를 찾아온다. 이때 정중하게 대응하면 절대로 나쁜 인상을 남기지 않는다. 오히려 친절하다는 이미지를 줄 수도 있다.

PRESENTATION 56

프레젠테이션 전에 화이트보드를 반짝반짝 닦아놓는다

프레젠테이션 할 회사를 방문했을 때, 복도에 쓰레기가 떨어져 있다면 주워서 쓰레기통으로 가져가자. 당신이 쓰레기를 치우고 있는 모습은 반드시 누군가가 보고 있을 터, 칭찬을 듣거나 호감을 주게 될 것이다.

바로 그 모습이 우연히 회사 중역의 눈에 띄었다고 가정해보자. 그러면 "저 사람이 무슨 이야기를 하는지 잘 들어두게."라고 지시할지도 모른다. 물론 이런 행운이 생길 확률은 지극히 낮지만, 그렇다고 전혀 생기지 말란 법도 없다. 어디를 가든 바닥에 쓰레기가 떨어져 있다면 지나치지 말고 주워서 쓰레기통에 버리는 습관을 들이자.

프레젠테이션을 할 회의실에 마련된 화이트보드가 무척 더럽다고 상상해보자. 아마도 먼저 사용한 사람이 제대로 지우지 않은 채 돌아간 탓이다. 이런 경우 나라면 프레젠테이션을 시작하기 전에 화이트보드부터 반짝반짝 닦아놓는다.

자신이 화이트보드를 더럽히지 않았더라도 그곳에서 프레젠테이션 해야 하는 사람은 바로 나다. 만일 지저분한 화이트보드를 배경으로 이야기를 시작하면 어떨까? 지저분한 배경이 눈에 들어온 청중은 아마 나까지도 지저분하다고 평가할지 모른다.

이런 현상을 심리학에서는 '연상 반응'이라고 부른다. '더러운 화이트보드'와 '나이토 요시히토'가 청중의 무의식 속에서 연결되어 칠칠치 못한 사람이라는 이미지가 덧붙는다.

미국 텍사스Texas 주에 있는 라이스Rice 대학의 마이클 헤블은 부정적인 이미지를 가진 대상의 옆에 있기만 해도 연상 반응에 따라 자기까지 악평을 받게 된다는 것을 실험을 통해 밝혀냈다.

따라서 프레젠테이션 장소가 지저분하다면 먼저 말끔히 치우고 나서 시작한다. 자기 테이블은 깨끗하더라도 옆자리에 마시다 남긴 커피와 꽁초로 수북한 재떨이가 있으면, 즉 지저분한 모습이 상대방의 '시선'에 들어올 것 같으면 스태프에게 부탁하여 치워달라고 하자.

치우기를 좋아하는 사람은 그것만으로도 긍정적인 인상을 남기게 되며, 나쁜 연상 반응이 생기지 않으므로 일석이조다.

참고로, 언제나 주변정리를 잘하여 깔끔하면 예절 바르고 매너 좋은 사람으로 비쳐진다. 스님은 인생의 반을 치우며 보내고, 무도와 다도, 꽃꽂이 등에서도 모두 청소를 중시한다. 어쩌면 청소와 예절은 일맥상통하는지도 모르겠다.

평소에 청소하는 습관을 들이면 품위 있고 크기가 느껴지는 사람이 될 수 있다. 따라서 지저분한 것을 보면 재빨리 치우는 사람이 되기를 바란다. 이러한 매너가 자연스럽게 몸에 배면 프레젠테이션 기술도 반드시 향상될 것이다.

ONE POINT TIP ⑤

'체형'이 주는 이미지에 맞게 프레젠테이션 하라

발표자의 '체형'은 그 사람을 나타내는 잣대다. "나는 ……한 사람입니다."라고 자기소개를 하지 않아도 그 사람의 체형이 많은 부분을 이야기해준다. 자신의 체형이 보는 사람에게 어떤 이미지로 비쳐지는지를 아는 것도 중요하다.

상대가 어떻게 생각하는지를 알고 있으면 프레젠테이션 전략에 활용할 수도 있다. 또한 이미지가 나쁘다는 사실을 미리 알고 있다면 "까다로운 사람처럼 보일지 모르지만, 사실은 잘 덜렁대고 깜빡깜빡하는 일도 많아서……." 하고 잘못된 이미지를 수정할 수도 있다.

그렇다면 과연 체형이 상대에게 어떤 이미지를 남기는지 소개하겠다.

미국 뉴저지 주에 있는 라트거스(Rutgers) 대학의 윌리엄 웰즈라는 심리학자가 실시한 조사 결과로, 각각의 체형이 주는 인상은 다음과 같았다.

1. **비만형** 고전적이다. 외모가 좋지 못하다. 수다스럽다. 따뜻하다. 공감을 잘한다. 성격이 너그럽다. 응석을 잘 부린다.
2. **체격이 크고 몸집이 탄탄한 형** 강하다. 남성적이다. 외모가 좋다. 모험심이 있다. 젊다. 자신감이 있다.
3. **마른 형** 젊다. 야심가다. 의심이 많다. 신경질적이다. 고집이 세다. 비관적이다.

위 항목들을 보고 '나는 말랐지만 고집이 세지는 않은데'라며 고개를 갸웃거리는 독자가 있을지 모르겠다. 문제는 실제 성격이 이렇다는 게 아니라 보는 사람에게 '이런 이미지를 풍긴다'는 점이다.

만일 여러분이 포동포동하게 살이 찐 비만형이라면, '끝내줘요~'로 유명한 탤런트 이시즈카 히데히코처럼 방글방글하며 애교가 넘치는 발표자를 목표로 삼아보자. 왜냐하면 비만형은 '따뜻하다' '공감을 잘한다' '성격이 너그럽다' 등의 이미지를 풍기므로 장점을 더욱 살릴 수 있기 때문이다.

근육질에 체격이 단단한 사람은 굽실대는 프레젠테이션과 어울리지 않는다. 가슴을 펴고 똑 부러지는 말투가 체형이 풍기는 이미지와 잘 맞는다.

마른 사람은 통계와 각종 데이터를 구사하여 이론으로 중무장한 프레젠테이션과 궁합이 좋다. 처음부터 지적인 이미지를 풍기므로 이치에 부합하는 프레젠테이션이 호응이 좋을 것이다.

체형이 주는 이미지에 맞지 않는 프레젠테이션은 보는 사람을 당혹스럽게 만들어 전혀 다른 인상을 남기게 된다. 설령 비만형인 사람이 꼬치꼬치 따져가며 프레젠테이션을 진행하면 어딘가 어색하게 느껴진다. 누구에게나 자기가 선호하는 프레젠테이션 방법이 있다. 그러나 자기 체형이 풍기는 이미지에 맞게 바꿔보는 것도 성공 가능성을 높여준다.

EPILOGUE

프레젠테이션의 성패는 '인간적 매력'이 좌우한다

프레젠테이션 관련 책을 읽어본 독자라면, 이 책을 읽는 동안 '이런 부분은 전혀 다르잖아!'라는 느낌을 받았을지 모른다. 이 책에 쓴 이야기들은 어디서도 문자화된 적이 없기 때문이다.

프레젠테이션을 앞두고 가장 중요한 부분은 발표 기술을 익히는 것도, 화술을 배우는 것도 아니다. 어떻게 해야 인간적 매력을 갈고닦을 수 있을까, 호감을 갖게 할까라는 점이다.

아무리 뛰어난 영업 기술을 구사해도 인간적으로 미움을 산다면, 그의 제안은 받아들여지지 않는다. "당신이 파는 것은 사지 않겠다. 왜냐고? 당신이라서." 하고 단칼에 거절당하고 만다.

프레젠테이션도 마찬가지다. "그쪽이 하는 말은 안 듣겠다. 마음에 들지 않아서."라는 한마디면 끝이다.

따라서 이 책에서는 발표자로서의 매력과 품위, 인간성을 높이는 이야기가 중심이 되었다. 내게 프레젠테이션이란 인간력의 승부처다.

파워포인트 조작방법과 같은 기술적인 부분은 지면관계상 소개하지 않았지만, 프레젠테이션이라는 큰 줄기에서 볼 때 그것은 한낱 '덤'에 지나지 않는다. 무엇보다 프레젠테이션에서는 인간력이 핵심이다. 이것을 내 마지막 조언으로 삼겠다.

이 책을 집필하는 데 닛케이 BP사 출판국 편집 제2부 니시무라 유타카西村裕 씨에게 신세를 졌다. 이 자리를 빌려 감사하다는 말을 전하고 싶다.

이 책이 단행본으로 만들어져 세상에 나오게 된 데는 나의 기획 판매력, 즉 프레젠테이션이 성공했기 때문이다(웃음). 물론 농담이다. 니시무라 씨가 성의를 다해 도와준 덕이다. 니시무라 씨는 내 얼렁뚱땅한 소리를 제대로 된 기획안으로 만들어 모양새를 갖춰주었고, 그것을 사내 회의에서 훌륭한 프레젠테이션으로 통과하게 해주었다. 출판 불황이라는 현실 속에서 단행본 내기가 쉽지 않은 요즘 무사히 이 책을 출간할 수 있어서 정말로 기쁘다. 니시무라 씨에게는 진심으로 감사하고 있다.

마지막으로, 독자 여러분께도 감사의 인사를 드리고 싶다. 이 책이 여러분의 프레젠테이션 실력 향상에 조금이라도 도움이 되었다면 저자로서 더 이상 바랄 게 없다.

앞으로도 잘 부탁드리며 다시 만나 뵙기를 기대하면서.

사이토 요시히토

참고문헌

Allyn, J., & Pestinger, L. 1961 The effectiveness of unanticipated persuasive communications. Journal of Abnormal and Social Psychology, 62, 35-40.

Berger, J., & Rand, L. 2008 Shifting signals to help health: Using Identity signaling to reduce risky health behaviors. Journal of Consumer Research, 35, 509-518.

Blewitt, P., Rump, K. M., Shealy, S. E., & Cook, S. A. 2009 Shared book reading: When and how questions affect young children's word learning. Journal of Educational Psychology, 101, 294-304.

Broadstock, M., Borland, R., & Gason, R. 1992 Effects of suntan on judgments of healthiness and attractiveness by adolescents. Journal of Applied Social Psychology, 22, 157-172.

Bryant, B., & Trower, P. E. 1974 Social difficulty in a student sample. British Journal of Educational Psychology, 74, 13-21.

Buhr, T. A., Clifton, T. T., & Pryor, B. 1994 Effects of speaker's immediacy on receivers' information processing. Perceptual and Motor Skills, 79, 779-783.

Carney, D. R., Hall, J. A., & LeBeau, L. S. 2005 Beliefs about the nonverbal expression of social power. Journal of Nonverbal Behavior, 29, 105-123.

Ceci, S. J., & Kain, E. L. 1982 Jumping on the bandwagon with the underdog: The impact of attitude polls on polling behavior. Public Opinion Quarterly, 46, 228-242.

Clore, G. L., Wiggins, N. H., & Itkin, S. 1975 Gain and loss in attraction: Attributions from nonverbal behavior. Journal of Personality and Social Psychology, 31, 706-712.

Curhan, J. R., & Pentland, A. 2007 Thin slices of negotiation: Predicting outcomes from conversational dynamics within the first 5 minutes. Journal of Applied Psychology, 31, 706-712.

Dovidio, J. F., & Ellyson, S. L. 1982 Decoding visual dominance: Attributions of power based on relative percentages of looking while speaking and looking while listening. Social

Psychology Quarterly, 45, 106-113.

Dunlop, S.M.M., Wakefield, M., & Kashima, Y. 2010 Pathways to persuasion: Cognitive and experiential responses to health promoting mass media messages. Communication Research, 37, 133-164.

Forgas, J. P. 1998 Asking nicely? The effect of mood on responding to more or less polite requests. Personality and Social Psychology Bulletin, 24, 173-185.

Furnham, A. 2009 Sex, IQ, and emotional intelligence. Psychological Reports, 105, 1092-1094.

Gabor, D. 2003 《Words that Win: What to Say to Get What You Want 》. Prentice Hall Press.

Gueguen, N., & Pichot, N. 2001 The influence of status on pedestrians's failure to observe a road-safety rule. Journal of Social Psychology, 141, 413-415.

Harvard Business Press, 2004《Presentations that Persuade and Motivate(The Results-Driven Manager Series)》.

Hass, R. G., & Mann, R. W. 1976 Anticipatory belief change: Persuasion or impression management? Journal Personality and Social Psychology, 34, 105-111.

Hebl, M. R., & Mannix, L. M. 2003 The weight of obesity in evaluation others: A mere proximity effect. Personality and Social Psychology Bulletin, 29, 28-38.

Jones, R. S. 1979 Curiosity and knowledge, Psychological Reports, 45, 639-642.

Kaplan, R. M., & Pascoe, G. C. 1977 Humorous lectures and humorous examples: Some effects upon comprehension and retention. Journal of Educational Psychology, 69, 61-65.

Kelly, J. A., Kern, J. M., Kirkley, B. G., Patterson, J. N., & Keane, T. M. 1980 Reactions to assertive versus unassertive behavior: Differential effects for males and females and implications for assertiveness training. Behavior Therapy, 11, 670-682.

Manara, Fausto 1998 《My shyness, My self》 Timedezza.

Malouf, Doug 1993 《How to Create and Deliver: A Dynamic Presentation》 Amer Society for Training.

Maister, D. 2008 《Strategy and the Fat Smoker:Doing what's obvious but not easy》 Spangle Press Press, USA.

Moius, M. M., &Rosenblat, T. S. 2006 Why beauty matters. American Economic Review, 96,

222-235.

Montepare, J. M., & Zebrowitz-McArthur, L. 1988 Impressions of people created by age-related qualities of their gaits. Journal of Personality and Social Psychology, 55, 547-556.

Moons, W. G., Mackie D. M., & Garacia-Marques, T. 2009 The impact of repetition-induced familiarity on agreement with weak and strong argument. Journal of Personality and Social Psychology, 96, 32-44.

Naftulin, D. H., Ware, J. E., & Donnelly, F. A. 1973 The Doctor Fox lecture: A paradigm of educational seduction. Journal of Medical Education, 48, 630-635.

Navarro, Joe & Poynter, Toni Sciarra 2010 《Louder than words : take your career from average to exceptional with the hidden power of nonverbal》 HarpercollinsJuvenile.

Neumann, R., & Strack, F. 2000 "Mood contagion" The automatic transfer of mood between persons. Journal of Personality and Social Psychology, 79, 211-223.

Nuckles, M., Wittwer, J., & Renkl, A. 2005 Information about a layperson's knowledge supports experts in giving effective and efficient online advice to layperson's. Journal of Experimental Psychology: Applied, 11, 219-236.

Pontari, B. A. 2009 Appearing socially competent: The effects of a friend's presence a the socially anxious. Personality and Social Psychology Bulletin, 35, 283-294.

Rauscher, F. H., Krauss, R. M., & Chen, Y. 1996 Gesture, speech, and lexical access: The role of lexical movements in speech production. Psychological Science, 7, 226-231.

Roberts, T. A., & Arefi-Afshar, Y. 2007 Not all who stand tall are proud: Gender differences in the proprioceptive effects of upright posture. Cognition and Emotion, 21, 712-727.

Rudman, L. A., & Glick, P. 1999 Feminized management and backlash toward agentic women: The hidden costs to women of a kinder, gentler, image of middle managers. Journal of Personality and Social Psychology, 77, 1004-1010.

Schmidt, F. L., & Hunter, J. E. 1998 The validity and utility of selection methods in personnel : Practical and theoretical implications of 85 years of research findings. Psychological Bulletin, 124, 262-274.

Shields, C. A., Brawley, L. R., & Ginis, K. A. M. 2007 Interactive effects of exercise status and observer gender on the impression formed of men. Sex Roles, 56, 231-237.

Singer, B., & Benassi, V. A. 1980 Fooling some of the people all of the time. Skeptical Inquirer, 5, 17–24.

Sterrett, J. H. 1978 The job interview: Body language and perceptions of potential effectiveness. Journal of Applied Psychology, 63, 388, 390.

Strohmetz, D. B., Rind, B., Fisher, R., & Lynn, M. 2002 Sweetening the till: The use of candy to increase restaurant tipping. Journal of Applied Social and Psychology, 32, 300–309.

Sunnafran, M., & Ramirez, A. Jr. 2004 At first sight: persistent relational effects of get-acquainted conversation. Journal of Social and Personal Relationships, 21, 361–379.

Thaler, Linda Kaplan & Koval, Robin 2006 《The Power of Nice》BlackstoneAudioInc.

Thornhill, R., Grangstad, S. W., & Comer, R. 1995 Human female orgasm and mate fluctuating asymmetry. Animal Behavior, 50, 1601–1615.

Troschel, R., Huffmeier, J., Loschelder, D. D., Schwartz, K., & Gollwitzer, P. M. 2011 Perspective taking as a means to overcome motivational barriers in negotiations: When putting oneself into the opponent's shoes helps to walk toward agreements. Journal of Personality and Social Psychology, 101, 771–790.

Vrugt, A. 2007 Effects of a smile reciprocation and compliance with a request. Psychological Reports, 101, 1196–1202.

Wells, W. D., & Siegel, B. 1961 Stereotypes somatotypes. Psychological Reports, 8, 77–78.

Willis, J., & Todorou, A. 2006 First impressions: Making up your mind after a 100ms exposure to a face. Psychological Science, 17, 592–596.

Wirth, J. H., Sacco, D. F., Hugenberg, K., & Williams, K. D., 2010 Eye gaze as relational evaluation: Averted eye gaze leads to feelings of ostracism and relational devaluation. Personality and Social Psychology Bulletin, 36, 869–882.

Wiseman, Richard 2009 《59 SECONDS: Think a little Change a lot》MacMillanUK.

五十嵐健 2011《世界で一番わかりやすいプレゼンの授業》中経出版.
海保博之(編) 1995《説明と説得の玉のプレゼンテーション》共立出版.
茂登山長市郎 2005《江戸っ子の舶来屋一代記》日本経済新聞出版社.
日本世相調査研究会(編) 2006《相手を納得させる最強のプレゼンテーション&交渉術》日本文

芸社.
尾方僚 2011《プレゼン以前の発表の技術》すばる舎.
竹村健一 1994《人を掴む》クレスト社.
山形琢也 1999《人は必ず動く》大和書房.

당신이 알고 있는 프레젠테이션 기술은 착각이다
최고의 프레젠터가 되는
프레젠테이션 성공의 비밀

초판 1쇄 인쇄 2012년 12월 20일
초판 1쇄 발행 2012년 12월 25일

지은이 나이토 요시히토
옮긴이 이정은
펴낸이 심호섭
펴낸곳 생각너머

기획 박서
책임편집 김현숙
관리 김영순
홍보 및 이벤트 심은정
에이전시 B&B
디자인 올디자인
종이 상산페이퍼
인쇄제본 우진제책
배본 손수레

등록번호 제313-2012-191호
등록일자 2012년 3월 19일
주소 서울특별시 마포구 성미산로14 (648-8) 그린오피스텔 501호
전화 070-7765-7298　　**팩스** 02-337-7298
ISBN 978-89-98440-00-8 (13320)

※ 이 도서의 국립중앙도서관 출판도서목록(CIP)은 e-CIP 홈페이지에서 이용하실 수 있습니다.
　이 책은 저작권법에 따라 보호받는 저작물이므로 무단 전재와 무단복제를 금지하며,
　이 책 내용의 전부 또는 일부를 이용하려면 반드시 저작권자와 생각너머의 서면 동의를 받아야 합니다.

※ 책값은 뒤표지에 있습니다.
※ 잘못 만들어진 책은 구입하신 서점에서 바꾸어 드립니다.